新しく先生になる人へ

ノルウェーの教師からの
メッセージ

A・H・アンドレセン
B・ヘルゲセン
M・ラーシェン
中田麗子❖訳

新評論

はじめに——親愛なる同僚のあなたへ

あなたは、今、道のゴールにいると思いますか、それともスタート地点にいると思いますか？　答えは、その両方です！

本書は、教員養成課程を修了し、教師としてのデビューを控えるあなたのために書かれたものです。あなたは学業を終え、重要で興味深い職業を選びました。そして今、あなたはスタート地点に立っています。さまざまなチャレンジに身を投じ、自分のアイデアを実現し、探求したり試行錯誤を繰り返す準備もできています。ここで、少し立ち止まって考えてみて下さい。

教員養成カレッジや大学が言い忘れたことはないでしょうか？　たしかに、組織論や発達心理学やノルウェー語の文法など、あなたは専門的な職業実践に必要となるさまざまなことを学んできたでしょう。しかし、それでも私たちは、本書を読んでいただくことであなたに貢献できることがあると思っています。

私たちが本書を著したのは、以下の理由によります。

❶教師という職業との出合いで、熱意と野心をもつことを伝えたいから。

❷あまりにも要求の多い、ときに混沌とした日常に実践的な助けを提供したいから。

❸教師、学校の管理職、そして母親としての私たちの経験を、新しく同僚になったあなたと共有したいから。

教師という職業をまっとうするためには、しっかりとした理論的な基盤と自分自身の経験を積むことが必要となります。しかし、ほかの人たちの経験も、あなたがよいスタートを切るための助けとなります。私たちには、学校での長い経験があります。一九七〇年代に教師教育を受け、長い教師経験と、多少の学校管理職としての経験もあります。

私たち三人は、同じコミューネ（市）内の三つの異なった学校に配属されました。中学校、普通の小学校（一～七年生）、そして障害児のための特別クラスがある低学年用の小学校（一～四年生）です。それぞれの学校が独自の文化をもっており、それらをあわせると多様な経験の宝庫になることが分かったのです。それが、私たちが本書を書こうとした出発点です。

また、私たちは異なった年齢の、異なった学習能力と条件をもった子どもたちの母親でもあります。その経験から得た知識も、あなたたちのような「フレッシュな」教師に伝えたいと思っています。物事を両面から経験すれば、より深い理解を生むことにもなります。私たちは母親としての経験から、何が教師に対する信用と信頼を生むかについて多くのことを学びました。

すべてのアドバイスがそうであるように、私たちのアドバイスもまた主観的なものです。私たちは「真理」を示しているのではなく、「視点」を提示したいと思っています。本書が実践の助けになり、考えるきっかけを与え、議論の素地を提供し、そしてインスピレーションの源になってくれることを願います。

リュッケ・ティル！（Lykke til!　グッド・ラック！）

一九九八年　一月五日

アストリ・ハウクランド・アンドレセン
バーブロ・ヘルゲセン
マーリット・ラーシェン

もくじ

第2章　保護者との出会い　69

NIKE

新しく先生になる人へ――ノルウェーの教師からのメッセージ

NY SOM LÆRER

text by
Astrid Haukland Andresen, Barbro Helgesen, Marit Larsen

illustrated by
Morten Østenstad

This book is published in Japan
by arrangement with Gyldendal Agency - Gyldendal Norsk Forlag,
through le Bureau des Copyrights Français, Tokyo.

第1章

生徒との出会い

自作のブランコ。クラスの遠足にて。

あなたは重要人物です！

突然ですが、まずはじめに一九世紀の学校の教室をのぞいてみましょう。

エイヴィンが歩み寄ると、校長先生は彼を膝に乗せてエイヴィンがかぶっている帽子をとった。

「金髪の君、さあこっちにおいで」と校長先生が言った。

「愛しいかわいい子よ！」と言いながら、校長先生はエイヴィンの髪の毛をなでた。

すると、エイヴィンが校長先生を見上げて笑ったので「私のことを笑っているのかい？」と聞くと、エイヴィンは眉をしかめて「そうだよ」と言ってまた声を上げて笑った。

つられて校長先生とお母さんも笑い、ほかの子どもたちも、まるで自分たちも笑っていいんだと気づいたように笑い出し、そこにいたみんなが笑った。

こうして、エイヴィンは学校に入った。

（ビョルンスティエルネ・ビョルンソン（一四ページのコラム参照）『幸せな男の子（En glad gutt）』より）

時間を早送りして、それから一〇〇年後の、とある都市にある学校の校庭に行ってみましょう。

門のところに小さい男の子が立っていた。老先生は、男の子が二年生だということが遠くから見てわかった。彼は年にしては背が高くて、背中はまっすぐで頭はやや大きめだった。

ああ、あの子だ、と老先生は気づいた。そして、ゆっくりと近づくと、男の子の首筋をつかんでくすぐったので、男の子は頭をうしろ向けにそらした。そして、にっこりとかわいらしく微笑みながら言った。

「どうして先生が担任じゃないの？」

老先生は指で耳をかくと、男の子を門のところに連れていった。

男の子は再び、「先生がいいよ！　どうして先生じゃないの？」と言った。

「それは、私が年寄りで怒ってばかりだからだ」と、老先生は答えた。

誰も見ている人がいなかったこともあって、男の子は泣き出してしまった。すると、老先生は男の子の帽子の上から髪をなでて、「私は怒るとこわいんだよ。二年生が暖炉に隠れてしまうぐらいにね」と言った。

男の子は老先生の手をとって、笑った。

（イェンス・ビョルネボーエ[1]『ヨナス（Jonas）』より）

コラム　ノルウェーの「偉大な4人（De fire store）」

1860年代から1890年代頃に活躍した作家のうち、ビョルンスティエルネ・ビョルンソン（Bjørnstjerne Bjørnson,1832～1910）、アレクサンダー・ヒェラン（Alexander Kielland,1849～1906）、ヨナス・リーエ（Jonas Lie,1833～1908）、およびヘンリク・イプセン（Henrik Ibsen,1828～1906）は「偉大な4人」と呼ばれている。

ビョルンソンは、独立前夜のノルウェーの政治や言語活動にも積極的に関わった。ノルウェー国歌の歌詞の作者でもある。1903年にノーベル文学賞を受賞している。本書に引用されている農民小説『幸せな男の子（En glad gutt）』（1860年）では、ボール校長先生（Bård skulemeister）というビョルンソンが理想とした教師が描かれている。その他、『日向丘の少女（Synnøve Solbakken）』（1857年）や社会問題劇『編集長（Redaktøren）』（1875年）などがある。

ヒェランは上流階級の社会に批判的で、特に教育に関してはラテン語や暗記が重視されていることを問題視した。本書に出てくる「小さなマリウス（Lille Marius）」は、代表作『毒（Gift）』（1883年）に出てくる登場人物の一人で、ラテン語の勉強をさせられすぎて最終的に病死してしまう。

リーエは、写実的であると共にファンタジーを描いた作品が多く、「ノルウェーの印象派」と言われる。『ギリエの家族（Familjen paa Gilje）』（1883年）や民話集『トロル（Trold）』（1891～92年）などが有名。

世界的にも著名な劇作家イプセンの作品は、邦訳されているものも少なくない。社会に対する分析の視点や心理的葛藤が鋭く巧みに描写された作品が多い。『ペール・ギュント（Peer Gynt）』（1867年）や『人形の家（Et dukkehjem）』（1879年）などがよく知られている。

　このような学校にまつわる物語を読みながら、私たちはエイヴィンといっしょに笑い、ヨナスやアレクサンダー・ヒェラン（一四ページのコラム参照）の物語に出てくる小さなマリウスといっしょに泣きました。そして、彼らの学校や教師との出会いをいっしょに体験しました。

　物語の作者たちは、当時のノルウェーの学校や教室をモデルにしています。そして、私たちは今でも、教師の理想像を物語に登場するボール校長先生やヨフムセン老先生に見たりしています。つまり、子どものことをよく見守ってくれて、子どもの学ぶ欲求や知りたいと思う願いを引き出してくれる教師です。

　本書の筆者である私たちは、文学からも、自分の経験からも、そして自分の子どもたちの経験からもあることを知っています。それは、重要なことはすべて教師と生徒の出会いのなかで起こる、ということです。カリキュラムや教育学とは関係なく、そして自分がそれを好むと好まざるとにかかわらずそうなのです。

　以下の会話は、ごく一般的なノルウェーの家庭で交わされるものです。

（1）（Jens Bjørneboe, 1920～1976）イプセンやビョルンソンの系譜をつぐ社会派作家である。オスロのシュタイナー学校の教師を務めたこともあり、当時のノルウェーの公教育にも批判的視点をもっていた。代表作の一つである『ヨナス（Jonas）』（一九五五年）は、読み書きのあまり得意でなかったヨナスを主人公とし、当時の学校と特殊学校（養護学校）の問題を描いたものである。

「宿題を見せてちょうだい。あら、これはもうちょっと勉強したほうが……」

「いやだよ！　先生が馬鹿げてるんだもの……」

「でも、これは先生とは関係ないでしょう。あなたの将来だし、あなたの責任でしょう」

「？・？・？」


子どもは、おそらく二〇歳代になればこのもっともな親の言い分もわかるでしょう。しかし、この言い分が理解されるまでの期間、教師は子どもにとって重要な役割を担うことになるのです。教師はインスピレーションを与え、生き方のモデルにならなければならないのです。

ところで、大人が自分の学校時代のカリキ

校長先生といっしょに

ュラムについて、熱狂的に、あるいは嫌悪感をもって語ることがあるでしょうか。また、教科書や教室の机や椅子などに関して多大な感情移入をしていることがあるでしょうか。あまり一般的ではありませんよね。

しかし、これが教師となると話は変わってきます。人々は、教師については良くも悪くも強い意見や感情をもっています。教師として、あなたはいつも、そしていつまでも評価の対象になります。つまり、教師に対して無関心な人なんて存在しないのです！

あなたがこれからはじめる仕事には、教科の知識や教育学の知識が必要です。これは、教員養成カレッジ（一八ページのコラム参照）ですでに学んだことですね。あなたはカリキュラムの理論を学び、教授学的な考え方を学びました。これらが仕事の基盤となります。しかし、生徒たちにとって決定的なのは、あなたが実践のなかでこうした理論や方法をどのように具体化していくかということなのです。

生徒たちは、一生涯あなたのことを覚えているでしょう。夕食のテーブルで、そして人々の交流の場であなたのことは引き合いに出されます。人々は、あなたの賢い言葉をもち出し、あなたの特徴を真似るのです。

覚悟はいいですか？　あなたは教師という「公共の人」になることを職業として選んだのですから、いろいろな人からさまざまな意見をもたれることになるのです。これは、光栄なことであると同時におそろしいことでもあります。あなたは、しかるべき知識と態度と自覚をもった専門家にならなければならないのです。

その大前提として、教師として成功するために重要なことは、受け持つ子どもたちに関心をもつことです。もし、あなたが子どもや若者といて楽しくないということに気づいたり、あなた自身の理論や理想にまったく近づくことができないということが判明したら、手遅れにならないうちにフィールドを変えてください。

とはいえ、これは自分自身の失敗を許さないということではありません。失敗は許されるのだ、ということを子

コラム　**教員養成カレッジ（Lærerhøgskolen）**

主にノルウェーの基礎学校（1年生〜10年生）の教師を育成する高等教育機関。1994年の高等教育改革以降、それまで独立してあった教員養成カレッジは他の専門職養成カレッジと統合されて国立カレッジの一学部になった。しかし、本書にあるように、現在でも「教員養成カレッジ」という呼称は残っている。18校の国立カレッジが基礎学校の教員養成課程をもっている（2006年現在）。4年間の課程は、教育学、教科についての科目、教科教授学、教育実習などで構成されている。

どもにも伝えたい場合は、あなた自身においても自らの失敗を許さなければなりませんからね。そして、絶望的な日々や灰色で黒い日々にも勇気を失うことなく過ごすことを学ばなければなりません。

しかし、すべての日々がモノクロで、子どもたちといっしょにいることにずっと違和感をもち続けているのなら、あなたは間違った場所に来てしまったのかもしれません。そのことで、子どもを苦しめてはいけません。子どもや若者は、自分たちといっしょにいることに喜びを感じる教師を必要としているのです。

学習を支える教師

あなたの仕事

あなたは教師です。社会は、あなたに給料を払っています。では、あなたの仕事とはいったい何でしょうか？　授業をすることでしょうか？

いいえ、事はそんなに簡単ではありません。もちろん、あなたは授業をすることになります。しかし、子どもたちの精神が教室に存在しない状態であなたが授業を終えたとき、あなたは仕事をしたと言えるでしょうか？

授業をしたからといって、必ずしも学習が起こったとは言えません。あなたの仕事は、子どもが学ぶための学習環境をつくることなのです。もちろん、授業がいくら活気に満ちていて面白いときでも、何人かの子どもたちは勝手に短い休憩時間を設けたり、夢のなかへと行ってしまいます。このようなケースはごく普通のことですし、それについて必要以上の不安を抱えることはありません。

しかし、すべてが死んでいる授業というものもあります。コミュニケーションがなく、生徒の視線は定まらず、教師と生徒が明らかに別の惑星にいるような授業のことです。このような授業が日常になってしまったら、やるべき単元をこなすことにまったく意味がなくなってしまいます。

教材に命を吹き込み、子どもたちの積極的なかかわりをつくり出すことが、教師としての挑戦なのです。

あなたの仕事はまだまだあります。子どもや若者が自らの能力を養い、他者を尊重することを学び、自律性、協働する能力、そして学習の習慣などを養う環境をつくらなければならないのです。

あなたは、法律や規則、そして国のカリキュラムに対して忠実でなければなりませんから、勝手に学習内容を省くことはできません。それが、ノルウェー語の賛美歌であっても、イスラム教の行事についてであってもです。

あなたは、九九の暗記を時代遅れだと思ったり、キリスト教のイースターの話が野蛮だとか、水彩絵の具で絵を描くと汚れて大変だと思ったりしているかもしれません。もちろん、さまざまなことを思ったり考えたりすることは自由にやっていいのです。

しかし、あなたの仕事は政治的に合意されたカリキュラムに忠実に従うことだということを忘れてはなりません。社会はあなたの仕事に対して給料を払っているのですから、あなた自身

ナショナルカリキュラム。カラーで写真や絵もふんだんに使われています。

がもっている関心事だけを子どもたちに届けることはできないのです。

学校には長い民主主義の伝統があり、それをもとにして教師は多くの自律的な判断や決定を行ってきました。それは素晴らしいことです！　教師として、あなたは教育方法の選択に大きな自由を与えられているのです。一日や一週間の時間配分を決めることができるし、さらに遠足やクラスの楽しい企画を行うこともできます。そしてあなたは、自らの想像力と特技を活用することができますし、学習内容を、わくわくするようなオリジナルな視点で選ぶこともできるのです。しかし、最終的にあなたは、現場におけるあなたの雇用者、つまり校長に忠実でなければなりません。

校長が、あなたの個性が発揮できるような自由を与えてくれることを願いましょう。そうすれば、あなたも校長が学校に対してより高次の責任を負っているということに理解と敬意を表することができるでしょう。しかし、校長は国や自治体からの責任も負っているために、時に、あなたの「個人的な」希望と対立するような決定を下すこともあります。組織をうまく機能させるということは、すべてのことがすべてのレベルでの議論を経て決定されるわけではないということです。

ノルウェーの学校では、伝統的に、知識の伝達と並んで「ケアする」ということが教育の中心となっています。しかし、多くの人々が、教師の役割におけるケアを保護者によるケアと同じものだと誤解しています。「ケアする」ということは、教師が母親や父親の役割を引き受けるということではないのです。あなたの仕事は、子どもたちの教師であることです。ですから、保護者の役割は保護者に任せましょう。

ケアのできる教師とは、一人ひとりにあったよい授業をすることができ、子どもたちの関心や欲求に敏感で、子どもとともにいて、共感することができたり制限することのできる教師のことです。しかし、食事や清潔な服装に気づかうこと、学校の行き帰りに付き添ったり誕生日会に出席したりというところまではするべきではありません。

保護者のなかには、次のような勘違いをする人もいます。「どうせ同じ道を帰ってくるのだから」と言って、帰りのバスのなかでまで子どもの世話を頼んだり、学校の体育館を理想的な子どものパーティー会場だと思い、そのうえ教師を子どもの最高の遊び相手だと思っていたり、しかも、「素晴らしいことに、学校のキッチンには七〇本のソーセージをいっぺんに茹でられる鍋があるじゃありませんか！」と言って、食事の用意までさせようとしたりするのです。

こうした例は、決して誇張したものではありません。あなたは、かなりの責任を教師に委ねようとする保護者に出会うことでしょう。挙げ句の果て、彼らは、あなたが子どもに「ごちそうさま」と言うことを教えなかったと言って非難するかもしれません。

最近、私たちの同僚がある母親から電話をもらいました。彼女はひどく憤慨しており、「学校は大きな過ちをおかした」と言うのです。そして、「学校は息子に、正しいことと間違っていることの違い、自分のものと他人のものとの違いを教えなかった」と文句を言ってきたのです。彼女の息子が何をしたかというと、なんと父親が収集していたビデオケースを無断で開けたんだそうです！　ケースのなかには、男の子が見るには早すぎるポルノビデオも含まれていました。「うちの子は、なんてひどい学校に通っていたのでしょう！　学校では、物を取ることが悪いことだと教えていないし、年齢制限を守ることも教えていなかった」と、母親は言うわけです。

もちろん私たちは、子どもを育てるということにも、ケアをするということにも真剣に取り組まなければなりません。しかし、子どもに対する一番の責任は母親と父親がもっているのです。子どもたちの保護者とて、あなたの仕事に新しい任務を勝手に付け足すことはできないはずです。

もし、子どもが深刻なまでにケアされていないと気づいたら、そして保護者がアドバイスを受け取ってくれないとしたら、あなたにはやらなければならないことがいくつか出てきます（それについては第2章でお話しましょう）。でも、一つ覚えておいてほしいことは、すべての問題をあなたが解決することはできないということです。あなたは、パンを焼かず、ココアをつくらず、服をあまり洗わず、「トラーン[2]（肝油）」を飲ませず、ハンカチを渡し忘れる保護者に取って代わることはできないのです。

私たちは長い経験のなかで、「よい子ども時代」についての私たちの規範が唯一正しいものではないということに何度も気づかされました。私たち教師は、しばしばある種の中産階級を代表しています。しかし、規範の概念は広いですし、また広くあるべきです。近年では、いくつかの学校でこうした規範に対する考え方が厳しくなってきています。靴下に穴が空いていること、自転車のヘルメットがないこと、教科書に汚れがついていることに対して厳しく注意するのです。

しかし、以下のことを肝に銘じておいてください。子どもたちに対して、あなたがすべてのことを与えることはできないのです。あなたが責任をもっているのは、子どもたちが多様性の尊重される学校で日常生活を送れるようにすることです。

ただし、多様性を尊重することが、虐待などの深刻な過ちを指摘しないということを意味しているわけではありません。

子どもたちは廊下にヘルメット、上着、くつを置いて教室に入ります。

(2)（Tran）主にタラからつくられた肝油。日照時間の少ない冬のノルウェーではビタミンDの補給源として重要な役割を担っており、国の健康庁（Helsedirektoratet）も推奨している。生後六か月までの子どもでは半数近くが摂取しているとの調査もある。スプーンで直接飲む方法が主流であったが、最近はカプセルも普及してきた。

生徒一人ひとりを見るということ

あなたは、教師としてクラス全体にかかわり、グループ・ダイナミックスというものを理解しなければなりません。しかし同時に、森のなかの一本一本の木も見なければなりません。つまり、あなたは常に二〇人～二八人の個人に向き合っていくことになるのです。

私たちはこれまでの経験から、教師が一人ひとりの生徒とよい関係をつくるためには必要な前提条件があると思っています。ここでは、そのいくつかについて見ていきます。まず、前節の最後に書いたことからはじめましょう。

そう、多様性を尊重することについてです。子どもたちは、まったく違った背景をもって学校にやって来ます。たとえば、家庭背景です。あなたは核家族の子ども、複数世代のいる家庭の子ども、移民の家庭の子ども、親が一人しかいない子ども、それから宗教的マイノリティに属する子どもなどに出会うことでしょう。それ以外にも、あなたはさまざまな社会的・経済的な背景をもった子どもに出会います。また、家族のもつ規範はさまざまでしょう。子どもたちは、社会的にも知的にも異なった刺激を受けています。それゆえ、彼らの興味と能力も異なったものになります。

あなたの仕事は、一人ひとりの子どもを見ることです。子どもがもっているユニークな面を探してください。

「私は、あなたのことを見ているよ。よくやってるね。努力しているのを見ているよ。助けてあげるよ」というような、ちょっとした励ましや認めてあげる視線を送ってください。たくさんの生徒がいる場合は、毎日一人ひとりの子どもに働きかけることが難しいかもしれませんが、一日置きであればできるでしょう。

そして常に、特定の子どもを忘れてしまうということがないように注意してください。環境に適応していて、何も困っていないような子どもでも、教師に見てもらいたいのです。静かな子ども、いい子ども、恥ずかしがりやな子ども、消極的な子どものことはつい忘れがちです。一

多様な子どもたち

方、うるさくしたり自慢話をしている子どもは「見られる」ということを知っています。また、駄々をこねる子どもの場合も「見られたい」という欲求は満たされることになります。

教師としての一番の仕事は、子どもや若者に自信をもたせてあげることです。自分たちには何かができるということ、何かを学べるということ、そして彼らのアイデアや意見には価値があるのだと、信じさせてあげることです。

伝統的に学校は、よく勉強のできる子どもに栄誉を与えてきました。しかし、学校は人生において必要なことを育む場です。それに、社会は優秀な理論家ばかりを必要としているわけではありませんからね。

私たちは、ある男の子と幸せな出会いがありました。彼は教師との話し合いの場に座っていました。八歳になるのですが、読むことがあまり得意でなく、数や文字を覚えるのも遅い子どもでした。しかし教師が、「得意なことは何ですか？」と質問をしたところ、彼はパッと顔を輝かせて、「スパゲッティを茹でること、食卓を準備すること、絵を描くこと、大工仕事、サッカー、それにお祖母さんを助けること」と早口で話したのです。

彼は、数や文字に対しては苦手意識をもっていたのですが、自分がよくできる子だということについては少しの疑いももっていなかったのです。

この男の子のクラスでは、子どもたち全員が一人ひとり自慢できることを見せて話をするという習慣がありました。太鼓を叩く子ども、ソロで歌う子ども、切手やバービー人形のコレクションを見せる子どもなどがいて、発表の場はそれは素晴らしいものです。この教室では、「よくできる」という概念の幅が広いのです。

教師は、子どもたちの多様な能力を重視しなければなりません。イェンスという子どもは理論に弱いのですが、創造的で有能な「大工」です。あなたは、プロジェクト学習で大工が不可欠になるように準備をしなければなりません。同じように、あなたはクラスの「詩人」、「料理長」、そして「歴史家」を重視しなければなりません。「考える人」として、彼らはみんな等しく価値があるのですから。

あなたが「間違った」答えをどのように扱うかということは、子どもや若者の自意識にとっ

コラム　プロジェクト学習（Prosjektarbeid）

生徒が、ある問題の認識と設定から出発し、問題解決の過程を計画・実施し、最終的な成果を何らかの形にするという学習形態のことを指す。

1997年の基礎学校カリキュラムでは、プロジェクト学習とテーマによる学習の組織（153ページの注６を参照）が、各学年で60%（低学年）から20%（中学校）の割合で導入されるべきであるとされた。

ポスター広告をつくるプロジェクト

て重要となります。あなたが出す質問や問題提起からややはずれたことを答える生徒がいたら、再び間違えてもいいんだと思えるように彼が勇気をもてるような対応をしてください。

「そのことについて考えるのはよいことだね。それについて、あとで詳しく議論することを覚えておこう」、あるいは「いいところをついているね。ただ、ちょっと私の質問があいまいだったかな……」などです。

「間違っています！」というのは、教室よりはどちらかというと「あきらめるか、倍にするか（Kvitt eller dobbelt）」のようなクイズ番組向きの言葉ですね。

「一人ひとりを見る」ということは、いつもポジティブなことを探すということです。グ

自然の中で遠足（2年生）

レーテ先生の教室はいつもとてもよい雰囲気です。彼女は、褒めることを一番重要な手段として使うことにしているのです。彼女のクラスの七歳児たちは、いつも先生から、「手を挙げることを覚えていたのね、いいことだわ！　今日は駄々をこねないで順番を待っていたわね、素晴らしい！　みんなの意見が一致したのね、よかった！」といった言葉をかけてもらっています。進歩は認識され、褒められます。具体的に褒めれば褒めるほど、子どもたちは望ましい行動を学んでいきます。叱っているだけでは、子どもたちは「やってはいけないこと」だけを学んでいくことになります。

「見られる」ことの反対は、見落とされたり無視されたりすることです。ハンネはそのことで苦い経験があります。彼女は二週間ほど入院をしていました。一一歳の女の子にとってはかなり長い時間です。彼女はその間、病院に設置されていた学習教室に通うことにしました。元気になってクラスに戻ったとき、彼女は誇らしげに病院の教室でやったことを先生に見せようと思って持っていきました。ところが、ハンネの先生は「今は時間がないから」と言ってしまったのです。

かつて、ノルウェーの学校にはノルウェー人の子どもだけが通っていました。そのときでも多様性はあったのですが、ここ数十年でその多様性の幅がもっと広がってきました。都市の学校では、移民の子どもがノルウェー人の子どもより多いところもあります。地域によっては、肌の色が違う生徒が依然として好奇の目で見られているところもあります。しかし、異文化の子どもと接する機会がまったくない学校で仕事をすることになったとしても、このことは知っておかなければならないことです。

「移民についての教育学」は教員養成カレッジで学ぶべき科目になり、ノルウェーの学校における移民の子どもの問題や教師の課題について、本もたくさん出版されています。あなたが異文化の子どもをもつことになったら、その領域の膨大な文献をひもといてみましょう。

離婚家庭の子どもはどうでしょうか？　地域によっては、生徒の五〇パーセントが離婚家庭で育っています。私たちはもうずいぶん前から、「お母さんとお父さん」ではなくて「家にいる大人」という言い方をするようになりました。「母の日」や「父の日」にカードをつくるという活動は、一九七〇年代に学校から消えました。

離婚家庭の子どもは、典型的なマイノリティ・グループとは言えなくなってきています。それでも、こうした子どもたちが傷つきやすいことに変わりはありません。たとえば、母親と父親がいっしょに学校行事に参加することがないという現実に胸を痛めているかもしれません。あるいは、別の町に住む父親と過ごす週末がちょうど五月一七日（建国記念日）に当たってしまい、クラスのみんなといっしょに町のパレードに参加できないのに、行進の練習だけはいっしょにしなければならないということを悲しんでいるかもしれません。

一人ひとりの子どもにとって問題なのは、全国の離婚率ではなく感情なのです。同じような立場の子どもがクラスにたくさんいてもなぐさめにはなりません。あなたは、こうした状況において大変な思いをしている子どもたちに対して理解を示さなければなりません。そして、子どもたちに、あなたが両親のどちらに対しても敬意を払っているということを示してください。

もし、教師がどちらかに味方した場合、そしてそれを子どもが見抜いてしまった場合は、両親に対する気持ちの葛藤をより大きくしてしまいます。教師は、母親と父親の複雑な関係の外にいる人でなければなりません。あなたの親に対する共

5月17日の行進を待っている子どもたち

感や反発は、あなたの心のうちに留めておかなければならないのです。

ノルウェー人であっても、伝統的なノルウェーの文化背景をもたない子どもに対してはどのようにかかわりますか？　ここで言っているのは、宗教的マイノリティの子どもたちのことです。「エホバの証人」や「モルモン教」の子どもたちは、学校ではそれほど大きな注目を浴びていません。それは、彼らが少数だからかもしれません。

子どもにとっての最善を追求する専門家としての教師である以上、あなたは「異質な」保護者に対するフラストレーションを子どもの前で表現してはいけません。たとえレーナが宗教的な理由で友だちの誕生日会に行けないことをかわいそうだと思っても、その気持ちを子どもに見せたら物事を悪化させるだけです。

あなたは、保護者の価値観を受け止めなければならないのです。子どもに対しては、あなたが保護者の選択を尊重することを示してください。そうすれば、おそらく保護者との間にも信頼のある協働関係をつくることができるでしょう。子どもの最善のために！

あなたが異質なものに対してどのように反応したかという態度は、そのままあなたのクラスの生徒たちに伝播《でんぱ》します。もし、トリーネがスキーの日にスカートで登校してきても誰も笑わなかったら、おそらくあなたは尊重と寛容の本質を子どもに教えることに成功したと言えるでしょう。

つまり、「一人ひとりを見る」ということは大きな多様性を見るということなのです。この多様性のなかには、特別なニーズをもっている子どももいます。要するに、学校法の八条（三七ページのコラム参照）によって特別な授業が必要とされる子どものことです。

こうした子どもたちは、特定の教科において通常のクラスの授業に合わせることができません。彼らは平均から離れているため、通常授業が個々の生徒に対応した柔軟なものであったとしても彼らのニーズを満たすことができないのです。

彼らは身体的あるいは精神的な発達障害を抱えているかもしれませんし、特定の、あるいは複数の学習障害をもっていたり、社会的な逸脱行動があるかもしれません。そうした子どものための特別授業は、決まった手続きによって細かく決まっています。手続きの仕方や申請の締め切り日はコミューネ[3]（市）によって違いますが、共通してい

特別なサポートが必要な子どもにはアシスタントの先生がつきます。

ることはその手続きに時間がかかるということです。つまり、あなたの生徒の時間割は、あなたが登場する以前から決まっているのです。

特別な授業を必要としている子どもは、クラスで行われている通常授業に出席できないこともあるということを知っておいてください。彼らの個別カリキュラムには、ほかの生徒と違った教育目標がしっかりと書かれているのです。

（3）（kommune）全国に四三〇ある基礎自治体で、日本の市町村にあたる（二〇〇八年現在）。すべてのコミューネは全国に一九ある県コミューネ（fylkeskommune）に属する。ただし、オスロはコミューネと県コミューネの役割を兼ねる。教育に関しては、基本的には基礎学校（小中学校）と特殊教育のサポートがコミューネ、高校が県コミューネの管轄となっている。

コラム　法に見られる特殊教育

学校法（Grunnskoleloven）は1969年に制定された法律で、個に応じた教育の原則や特殊教育についても明記していた。第８条は、特殊教育について明記した箇所。なお、学校法は現在では教育法（Opplæringsloven）に置き換えられており、特殊教育について明記しているのは第5条である。

それによると、通常の学校教育によって利益を享受できないと専門的に判断された子どもは特殊教育を受ける権利がある。専門的な判断は、通常「心理・教育相談所（PPT）」（87ページの注５を参照）によって行われ、特殊教育の対象になるとされれば、その子どもの独自の教育計画である「個別教育計画（IOP）」（105ページの注１を参照）が作成される。

個々の子どもとかかわる際に重要となるキーワードは「守秘義務」です。これについては、同僚や保護者、その他の学校外の専門家について述べるところでより詳しく見ていくことにします。ここでは、個々の生徒とあなたの関係に直接つながることだけをお話ししましょう。

もし、あなたが子どもたちと親しくなったら、彼らが自らの秘密をあなたに打ち明けることもあるでしょう。でもあなたは、同僚や保護者との会合のときに、元気づけたり楽しませようとしてその秘密を話してはなりません。子どもの信頼を得ているならば、それを尊重しなければなりません！　もしあなたが、得た情報をどうしても学校医や児童保護機関(4)、警察、保護者、学校の管理職などに伝える必要がある場合はそのことを子どもに知らせてください。そして、あなたが大人としてしなければならない義務があることを伝えてください。子どもに隠れて、コソコソとやるようなことは絶対にしてはいけません。

本書を書くとき、私たちの七歳から二一歳までの娘や息子を「コンサルタント」として活用しました。九歳のコンサルタントは、初めての面談についてのコメントを次のように述べました。

「すごく楽しかった。そのとき、僕はとても注目されたから。先生は、僕のことで精いっぱいだったんだよ」

しかし、ティーンエイジャーのコンサルタントの表現は少し違いました。彼らは、三〇分にもわたって注目の的になることについてそれほど価値を見いだしていませんでした。しかし彼らは、教師が自分のことを個人として、また一人の人格者として関心をもってくれていることについては高く評価していました！

夢のクラス

夢のクラスを想像してみましょう！

暖かくて、居心地のよい雰囲気が教室にただよっています。楽しげな様子で、笑顔と笑いが子どもにも大人にもあふれています。誰も、誰かのことをあざ笑うことはありません。人生における重大な出来事についても、熱意と共感をもって話し合うことができ、学習や作業をすることの喜びと意欲は常に最高値に達しています。そして、生徒は、規律正しいと同時に創造力も豊かです。教師を尊敬し、それと同じくらい教師に対する安心感とオープンさをもっています。全員が

（4）（barnevern）児童保護制度や児童保護施設、また児童保護相談員など児童保護に関する人やサービスのこと。国やコミューネ（市）の責任や具体的な介入手立ては児童保護法によって定められている（九七ページの注6を参照）。児童保護がとくに重視しているのは、ネグレクトや虐待、また子どもの問題行動を発見することである。

全員に対して幸福を願っている——そんな夢のクラスです。

　たしかに、このようなクラスは存在しないかもしれません。しかし、あなたは教師として、自分が言ったことや行ったことがそのクラスにとって意味あることだと思えるような素晴らしい瞬間を体験することになるでしょう。

「夢のクラス」では、どのような言葉遣いと話しかけがされているでしょう。逆を考えてみれば答えは簡単です。生徒たちは、怒りっぽい先生や意地悪な先生は嫌いでしょう。ただし、厳しく決然とした態度をとることと怒りっぽいことは同じではありません。明確にルールを決め、限界を定めておくことで、あなたは生徒たちから信頼と尊敬を得ることができます。しかし、怒りっぽい先生だと思われたら挽回するのは大変です。ですから、最初から両者の違いをはっきりと自覚することが重要となります。

　意地悪な言葉かけは武器となります。これまで、あらゆる時代の教師がこの武器を使ってきました。たぶん、効き目がよいと思われてきたのでしょう。しかし、これは不公平なものです。

　権力があり、言葉を自由に操れるからといって、言葉を武器にするのは自分より小さい者を殴るのと同じ行為です。自分より弱い者を攻撃することは卑怯である、ということは誰もが知っているはずです。ましてや、あなたはプロフェッショナルな職業人です。意地悪は教育学的な方法には含まれていませんし、行使することも許されていないのです。

私たちは怒りっぽいことと意地悪については反対しますが、逆にユーモアと自らを笑うことについては評価したいと思っています。

子どもといっしょにいるとき、ユーモアの感性に訴えかけてくる状況をあなたは多々経験することになるでしょう。あなたには、それを感じるだけの勇気がありますか？　教室に笑いが起こるということは教室が混乱することではありません。子どもと大人がいっしょに笑える教室は、共同体の感覚のある居心地のよい場所となります。

私たちが生徒だったときに出会った、二人の教師のことをお話ししましょう。

七年A組の、老いたマルティンセン先生は、あるとき、自分の周りにいる一四歳の子どもたちがクスクスと笑っている理由を知って大笑いをしました。自分の靴下が、片方が黒でもう片方がオレンジだったんです。別のとき、彼は自分のシャツがズボンのチャックから見事にはみ出していたときにも大笑いをしました。老先生は、自らを笑う能力に長《た》けていたんですね。

逆に、少し若いヴァング先生はちょっと違いました。彼はいつも黒板に力強く書くのでよくチョークを折っていました。私たちが笑うと彼は怒り出しました。あるときなど、数学のテスト中に何の前触れもなく教室にかけてあった地図が落ちてきました。そのときも、私たちは思わずおかしくて噴き出してしまったのですが、ヴァング先生は激怒しました。

マルティンセン先生に、ユーモアに対する理解があることを私たちは知っていました。彼の授業における要求は高かったのですが、教室の雰囲気はよく、マルティンセン先生との間に親密感があったのです。

教室の枠組みとルーティンについて話す前に、少しだけ風刺画的な「一九七〇年代の教師」についてお話をしたいと思います。私たち筆者はこの時代に教員養成課程を終えて初めて教職に就いたので、そういう教師のことをよく覚えています。一九七〇年代の教師の意見はこうです。

「朝のあいさつはブルジョワ的でよろしくない。習慣としきたりは古くさい。愛国心を歌った歌は差別的で、アスビョルンセンとモエ[5]の民話よりベトナムの物語のほうがよい。伝統的なノルウェーのチュニック（busserull）とジーンズが唯一正しい仕事着である」

私たちは彼とは違って、生徒が毎朝立ち上がってあいさつをすることが生徒の自発性を阻害するとは思っていません。どちらかと言えば、その逆だと思っています。子どもたちの視線をキャッチすることができ、表情を見ることができて笑顔を交わすこともでき、みんなが授業のはじまりを知ることができるのです。そして、毎日行われるこのようなあいさつによって安心感を得ることもできるのです。

また、文化という遺産を大事にして次世代に伝えるということは、視野の狭い愛国主義とは違います。むしろ、そうした遺産を子どもから奪うことは、「ドナルドダック」の住む町や「ビバリーヒルズ」といった現実離れした世界との接点しかない、歴史観のない個人をつくることになるのです。

さて、それでは教室を見てみましょう。

教室は、魅力的で快適なものであってほしいですね。たとえば、見通しがよく、物が納まるべきところにありますか？　机の上に、先週飲んだま

---

(5)　ペーテル・クリステン・アスビョルンセン（Peter Christen Asbjørnsen, 1812～1885）とイェルゲン・モエ（Jørgen Moe, 1813～1882）が一九世紀中頃に民話採取のためにノルウェー各地を旅行し、ノルウェーの民話としてまとめたもの。邦訳書として、『三匹の山羊のがらがらどん』（福音館書店、一九六五年）などがある。

5年生の教室

まのコーヒーカップが置かれていませんか？　生徒の提出物、絵や写真のモンタージュが周りに散らかっていませんか？　花は枯れていませんか？　棚がグチャグチャになっていませんか？

私たちは、自分の生活のなかにおいても小物などを飾って居心地をよくしていますよね。教室も同じことです。インテリアや小物に加えて、教室はたくさんの人々の作業場なのですから整理がなされていることもまた重要です。もちろん、整理されていると見なすレベルはそれぞれの性格によりますが、生徒がハサミとノリの場所を聞いてきて、あなたの答えが毎回違っているようだったら気をつけなければなりません。

たとえ、あなた自身がおおざっぱな性格であっても、教室がそうなっていてはうまく機能しません。それに、生徒に片づけることを教えなければならないときも説得力がなくなるでしょう。騒音によって集中力がなくなる子どもがいるように、散らかっている教室によって集中力をなくしてしまう子どももいるのです。

小学校では、グループごとに、順番に片づけを担当させるとうまくいくことがあります。条件をはっきりさせておけば、「片付け委員」の生徒を決めるのもいいかもしれません。

私たちがいた中学校では、スポーツの要素を取り入れて学校全体で「教室賞」をつくりました。これは、自分一人ではなく、学校全体で協力してやる必要があるので簡単ではありませんが、アイデアだけは伝えておきましょう。

「教室賞」が授与されると、さらに教室をよくするための物を購入することができます。また、「教室賞」の導入によって個々の設備の破損や消耗が少なくなり、維持が簡単になるという効果を上げました。

片付いた教室では、教材や道具が見つけやすいだけではなく、宿題やお知らせの情報も見つけやすくなります。たとえば、黒板の決まった場所にお知らせを書くのです。子どものなかには、視覚情報に強い子どももいますし、聴覚情報に強い子どももいます。いったい、お知らせを口頭で伝えることによって子どもの集中力を鍛えるなんて誰が言いはじめたのでしょう。やはり、子どもたちがさまざまなチャンネルで情報を得られるようにすべきです。多様なチャンネルは、とくに小さい子どもに対して有効ですし、どの学年の子どもにも「忘れた」とか「間違えた」という気持ちにさせないための多様な環境整備は重要です。

さて、これまでは物理的な教室環境や相手を尊重するやりとり、そしてユーモアについて述べてきました。これらによって私たちが伝えたかったことは、あなたが生徒たちとの関係においてしっかりとした基盤をつくることの重要性です。尊敬というのは、あなたの地位によって周りから自動的に得られるものではなく、あなた自身が築いていかなければならないものです。その前提条件となるのは、あなたが子どもたちを尊重するということです。互いに尊重する関係ができて生徒たちが教師を信頼する状況が育ったら、学習のためのよい基盤が築けたと言えるでしょう。尊重するということは、平等の上に成立するものです。だからと言って、教室における平等が、生徒と教師に同等の決定権を与えるというわけではありません。

再び、典型的な「一九七〇年代の教師」の例を出しましょう。民主的な教師は、教室の前に立って生徒の意向をいちいち聞くのです。たとえば、「今日、掛け算の七の段を学習したい人はいるかな?」という具合にです。もちろん、少し風刺的に描写していますが、このような傾向をもった教師が現在でも学校に存在しているようです。

親愛なる先生！　教室のシナリオをもっているのはあなたなのです。自分がどこへ向かっているのか、クラスといっしょに何がしたいのかをはっきりさせ、教室で起こることの全責任をもたなければならないのです。考えてもみてください。もし、スピーチを行う人や講演者が話す内容を事前に準備せず、会場に来る車のなかで即席で考えてきたとしたらどうでしょう。あなた方のために使う時間はない、と言われているようなものだと思いませんか?　あなたは、生徒に対して自分の考えている学習の方向性とその意義をはっきりと示さなければならないのです。

「でも、プロジェクト学習は?」という疑問の声が聞こえてきそうです。たしかに、プロジェクト学習は生徒自身が問いを立てて答えや解決策を見いだすものですし、私たちもそれに異論はありません。しかし、たとえば二年生の子どもたちを突然アルファベットを学ぶ教室のなかに放り込んで、「さあ、読むことを学んでくださいね。単語をつくる方法か、発音から学ぶ方法を選びなさい。できたら、私のところに持ってくるように。なお、わからないことがあったら、質問をしたり助けを求めたりすることを忘れずに！」なんて言うでしょうか。

そんなことはないですよね。私たちは二年生の手をとって、未知なるアルファベットの森に連れていってさまざまな学習方法を教えるでしょう。いっしょに疑問をもったり、状況に応じた質問の仕方を教えたりもします。

これが、中学校の最終学年の生徒で、自らが進んでプロジェクト学習に取り組める場合でも本質的には変わりません。あなたがどういう意図と計画をもって授業を進めているのかということを、生徒たちに知らせるべきです。

もし、あなたが「よいクラス」をつくりたいと考えた場合、何かしらの共同体験を準備して、つながりや帰属意識を育みたいと思うでしょう。学習と楽しさが同時に起こるようなクラスでは、教師がそうした体験を準備しているものです。のちに本書にも出てきますが、パンづくりやピザパーティーに腐心する先生もいます。また、チョコレートケーキが一切れも登場しないクラスというのも寂しいものです。

とは言っても、共同体験はこうした「母親的」なことにかぎりません。私たちは、子どもの視野を広げるような教室外の体験を提案したいと思います。たとえば、近隣の環境、博物館や美術

冬の森へ遠足。温かいトマトスープで一休み。

オスロの街へ遠足。うしろに見えるのはオスロ市庁舎。

館、展示会、そして学校の周りの自然環境を利用しましょう。生徒に、さまざまな学びの場があることを最初に示すことは重要です。たとえ教室の外であっても、そこはある意味で「学校」なのです。遠足に行ったことや体験授業でのエピソードは、大人になってからも記憶に残っているものです。もちろん、そのためには、学校外でも明確なルールや約束事を決めておく必要があります。

教師が、「教科書以外で得られる知識にも教科書と同じような価値がある」ということを教えることによって、生徒の知識観を広げることになります。生徒に対して、「今日、何を学びましたか?」と質問するだけでなく、「どのように学びましたか?」という質問もしてみましょう。

共同体験は、クラス内の関係に多大な効果をもたらします。ただしそれは、教師がきちんと条件を設定することが前提です。教室外ではどのような態度を求めるのか、またどのようなルールが適用されるのか、そのルールが破られたらどうなるかということを生徒に伝えてください。

九年生のクラス旅行でイギリスに行くとします。飲酒禁止のルールが破られたら教師の一人が付き添ってすぐに帰国するという約束を取り決めていたならば、それを必ず実行してください。その行為は、大人は約束事をその場の雰囲気で変えることなくきちんと守るのだということを示し、生徒に大きな安心感をもたらします。

教室外に生徒の興味を広げようとするあまり、教室内の共同体験を軽視してはいけません。いっしょに歌うこと、読み聞かせ、声を出して読むことなどは、これまでにも頻繁に行われてきた効果的な共同体験です。歌が少々へたでも気にしないで歌いましょう！　また、毎日一回声を出して本を読むことはどの学年においても効果のあることです。

「夢のクラス」では、教師は生徒同士の関係にも気をつかうものです。派閥化や仲間はずれに対しては教師が介入しなければなりませんが、バランスのある介入の仕方は簡単ではありません。迷ったときは、あなたのクラスを知っている人に相談することもよいでしょう。

最後に、一つアドバイス。もっとも重要なことを伝えるのに必ずしも言葉を使う必要はありません。あなたの姿勢とはっきりとした態度によって、相手を尊重すること、寛容さ、インクルージョン（統合）、ケアについてなど、多くのことを教えることができるのです。

あなたの教師としての格好

前節で、私たちは「一九七〇年代の教師」の服装について述べました。一世代あとの教師の服装はまた違いますよね。ここでは、服装についてどう考えているかを述べさせてもらいます。もちろん、いろいろな例があるでしょうし、ほかの視点から見れば意見も異なるということは承知のうえです。

あなたは、公的な場における公人です。子どもたちは毎日長時間あなたを見るし、すぐそばにいるということを忘れないでください。最低限必要なことは、清潔な身体と清潔な服装です。もちろん、戦後世代である私たちはジーンズを愛用していますが、教師の服装としては、洗ったこともなさそうなズボンをはいてはいけません。理性的に考えれば当然のことです。

また、一年生の遊びの時間と一〇年生の英語の時間では求められる服装も変わってくるでしょう。生徒のことを考えて、何を着ていくかを考えなければなりません。

目標は、一三歳と同じような服装ではなく、大人らしい、かといってたいくつではない服

ジーンズをはきこなす教師たち

を着ることです。私たちの一人が体験したお話をしましょう。

私は、一九歳のとき、お休みをする先生の代理として初めて教職に就きました。若い私は緊張をしていました。前日、髪を三つ編みにし、チュニックとジーンズ、そして木靴というういでたちで、準備万端、校長先生に会いに行きました。古い町の学校でした。女性の校長先生から、学校の規則や、これから三か月間にわたって三年生の担任と七年生の英語を担当することなどを伝えられました。

その間、私は生徒のように彼女の視線を受けていました。必要事項はきちんと心に留めましたが、質問は控えました。馬鹿なことや不用意なことを聞いてしまうのではないかと思ったからです。彼女は私に「がんばってくださいね」と言ってから「一つ、アドバイスをしましょう」と言いました。

「生徒にはファーストネームであなたのことを呼ばせないように。それから、長いズボンは禁止です。ましてやジーンズはね！」

なぜですか、と聞く勇気はありませんでした。しかし、当時の若者に典型的なように私はスカートなどをもっていませんでしたし、名字というものにも馴染みがありませんでした。結局、私は一四歳の生徒たちの前に幅広のべっちんのズボンで現れ、ファーストネームで呼ばせるしかありませんでした。それでも、多くのことはうまくいきました。もちろん、もっとうまくいった可能性もありますが……。

校長先生は、なぜこのようなアドバイスをしたのか、その理由は説明してくれませんでした。そして、私もそれを尋ねませんでした。彼女は権威的だったのです！　あとで考えれば、校長先生の言いたかったことは次のようなことでしょう。

「あなたは若い。あなたには、年齢が自然と与えてくれるだろう権威と重みがないのです。ですから、教室での役割の違いをはっきりさせるために適切な距離を置かなければなりません」

私たちは、重みを与えてくれるであろう年齢を徐々に重ねてきました。そして、結論として、やはり生徒の服装と教師の仕事着の違いを際立たせることには価値があると考えています。

また私たちは、母親として、子どもたちが匂いについてどのような反応をするかも見てきました。どの教師が汗臭く、ニンニク臭く、タバコ臭く、息が臭いかなどについて子どもたちは敏感です。そんなことはたいした問題ではない、と思っていたらこんなにも行数を割きません。あなたがどんなによい教育を実践しようとしていても、子どもにとっては汗臭さのほうが問題なのです。こんなことであなたの教育学的プロジェクトがおじゃんになってしまったら、悲しいことではありませんか。

以上のように、あなたが外面的にどのように現れるかというのは一つの重要な側面です。もちろん、人間としてのあなたの内面が一番重要です。私たちは、ニュートラルな意見しかもたない教師が理想的だとは思っていません。言うまでもなくこれは、教室で政治的・宗教的な影響力を行使しなさいということではありません。しかし、あなたには倫理的な立場があり、すべての事柄が許されるわけではない、ということは示してよいのです。とくに、人間の価値や権利については、はっきりとした態度を示さなければなりません。

物事に対して意見をもたない大人は、権威を失うだけでなく、つまらない人間だと映ってしまうでしょう。あいまいでつまらない大人になるより、少し意見をもちすぎているぐらいの人になってください！

あなたの新しいクラスが一年生だったら

「新しく一年生の担任になる教師に対するアドバイス」といった類の講習会はたくさん開かれています。講習会では理論が一通り紹介され、日常の教室についての実践的な話に入ると参加者の集中力と関心が一気に高まります。私たちもしばしば講師を務めていますが、ぜひ一度、このような講習会を受けてみるとよいでしょう。ここでは、そこで話される内容からいくつかのアイデアを紹介します。

初めて学校に行く日！　新しいかばん、新しい筆箱、新しい服、新しい肩書き。緊張、期待、畏怖心、そして少しの恐怖――子どもたちはこうして学校生活をスタートさせます。子どもの人生のなかで初めて学校に行く日が一つの節目であるように、あなた自身もこの日を真剣に受け止め、特別な日、つまりお祝いの日にしなければなりません。教室を花や国旗で飾ってみてはどうでしょう。黒板や机に子どもの名前を書いておいたら、子どもたちは自分たちが歓迎されていると感じるでしょう。もちろん、あなた自身も着飾ってくだ

新しく1年生になる子どもたちと保護者の学校見学

さい。何しろ、二〇家族以上のアルバムに載ることになるのですから！

この日は、子どもたちのための日です！　もし、保護者に伝えなければならないことがあるならば、なるべくプリントに書いて配布するようにしてください。子どもたちの頭越しに保護者に長々と説明をするのはやめましょう（子どもたちは、静かに座って絵でも描きながら説明が終わるのを待っていてくれるかもしれませんがね）。

この日は、できるだけ保護者の存在は忘れることです。もちろん、うしろにカメラやビデオを構えて並んでいる保護者を完全に忘れることは不可能かもしれません。しかし、少なくともこの日ばかりは、保護者は子どもたちに関心が向いている好意的な観客なのです。

この日の内容は、よく準備された演劇や子ども番組のように特別である必要はありません。演劇やテレビ番組は、子どもにとって目新しいものではないのです。それよりも、これから日常的に行う学校的な活動をさっそくやってみましょう。たとえば、手を挙げて答えさせたり、お話をしてもらうなどはどうでしょう。宿題を出すのも悪くありません。家に帰ったら子どもたちは、「宿題が出たから遊ぶ時間がなくなった！」と大喜びすることでしょう（もちろん通常は、小さい子どもたちの遊び時間を奪うような宿題は出すべきではない、ということは言うまでもありません）。

歌や生き生きとした読み聞かせが低学年のクラスでは重要な位置を占めますが、これも初日から取り入れるとよいでしょう。問題なのは、多くの教師たちが大人の観客がいる場で歌や読み聞かせをするだけの自信がなく、この日が来るのを不安に思ってしまうことです。もしそうであれば、同僚に助けを求めてください。たいていの場合、同僚のなかに素晴らしい歌声とギターをもっている教師がいるはずです。

初日に、子どもたちがかばんに入れて持って帰って、友だち、きょうだい、おじいちゃん、おばあちゃんに見せてあげられるようなものがあるといいですね。一例を挙げれば、新しいノート、新しい本、連絡帳など、小学生になったことを示すものです。

このようにして、日常がはじまっていきます。

私たちが強調したいのは教室の整理です。すべての物があるべき場所にあり、生徒がそれを覚えるのがよい学習習慣の出発点となります。このことを学ぶのには時間がかかりますが、初めのうちから辛抱強く努力する価値はあります。また、教室での「お約束」にも時間をかけて取り組みましょう。

●話していいのはいつですか？

数学の教科書。教科書にはカバーをかけて丁寧に使います。

●静かに聞かなければならないのはいつですか?
●急におなかが空いたり、急にトイレに行きたくなったり、足が痛くて座っていられなくなったらどうしますか?
●誰かに物を借りるときはどうしますか?
●先生がほかの子どもと話しているときはどうしますか?
●教室での声のトーンはどのようにしますか?

このようなことを修得するには時間がかかります。すぐに覚えられるわけではありません。やや長期的な目標を立てて、それを生徒や保護者にも伝えましょう。たとえば、次のようにです。「半年ほどたったら、誰か一人がクラスで話をしているとき、ほかの人はじゃまをしないようになっていること」

重要なのは、よい方向に向かっていることを示すすべての言動に対して十分に褒めてあげることです。

クラス費を積み立てるといった慣習がある場合は、ぜひやってみましょう。貯まったお金でちょっとした楽しい企画を立てることができるからです。フィルムを買ってクラスアルバムをつくることもできますし、小学校での生活風景をビデオに撮って記録しておくこともできます。アルバムもビデオも、二〇年後の同窓会で歓迎されること間違いなしです。

しかし、注意してほしいのは、家庭の事情によっては少しの金額でも負担になることがある、ということです。また、仮にそうであっても、保護者会で手を挙げて自らの事情を話す人はいないでしょう。それに、そのような保護者は保護者会にすら参加しないかもしれません。クラスの保護者たちのことをよく知るまでは慎重になってください。保護者面談のときに、一人ひとりに聞くほうが保護者も安心して話せるのでいいかもしれません。

保護者が学校に対してお金を出すべきかどうかというのは、意見が分かれるところです。数年前に私たちが経験したことをお話ししましょう。

あるクラスでは、子どもたちが熱心にファラオやピラミッドのことを調べていました。すると、一人の母親が「飛行機をチャーターしてクラス全員をエジプトに連れていきましょう！」と言い出したのです。もちろん、この母親の提案に対しては経済的な理由から反対意見が出ました。飛行機をチャーターしようと言った母親は「経済的な問題ではなく優先順位の問題です」と言い張りましたが、四人の子どものシングルマザーであった別の母親は議論に参加する気力すらなくしてしまいました。

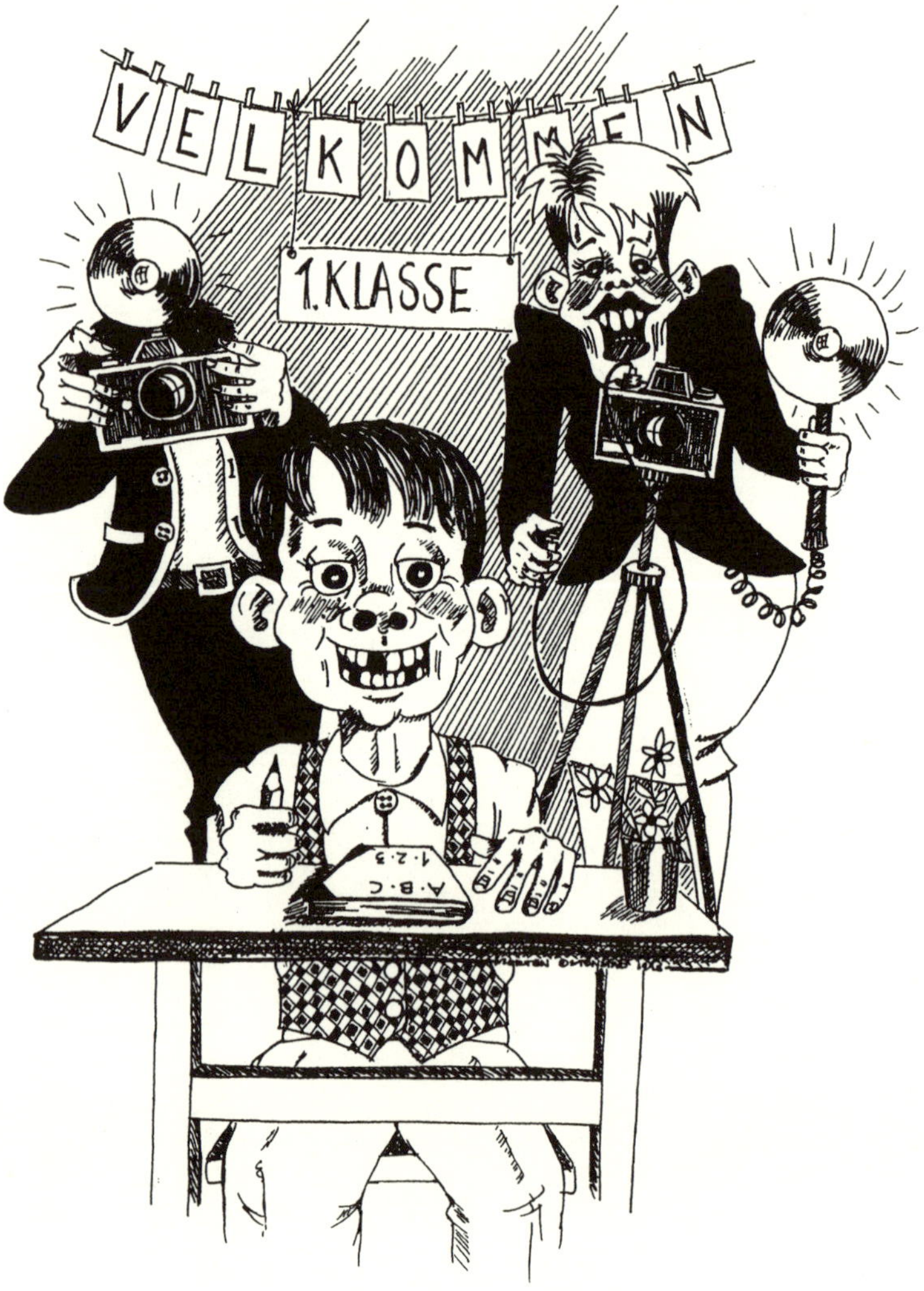

「ようこそ　１年生」

一年生の教師であることは、「毎日、子どもの誕生日パーティーの会場にいるようなものだ」とよく言われます。これは、大変密度の濃い毎日を送るということです。学期がスタートしたばかりの九月(6)にクリスマス休暇を待ち遠しく思い、一年間無事にやっていけるのだろうかと心配になったら、次の含蓄のある言葉を思い出してください。

「クリスマスが終わったら子どもたちも慣れてきて、彼らも小学生になるよ」

これは、子どもから自由奔放さや遊びが奪われるということではなく、子どもが学校という新しい生活のなかで期待されていることを学ぶということです。つまり、グループで生活することができるようになり、小学生として社会化するのです。

子どもたちはあなたにとても多くのことを要求しますが、それと同時にとても大きな、かけがえのないことを与えてくれます。あなたは、これからそういったことを経験することになるでしょう。一年生の教師は、愛され、慕われる存在だということを身をもって感じてください!

(6)　ノルウェーの学期始めは、通常八月。基礎学校の学期始めおよび休暇の日程は毎年コミューネが定める。平均的には、一〇月に秋休み、一二月後半にクリスマス休み、二月に冬休み、三月〜四月にイースター休みがあり、六月に修了する。

あなたの新しいクラスが八年生（中学一年生）だったら

もしかしたら、あなたは中学校で教師のキャリアをスタートさせることになるかもしれません。中学校に足を踏み入れるのは、あなたが中学生だったとき以来かもしれませんね（もちろん、教育実習で行ったことはあるでしょうが、自分のクラスをもつとなるとまったく別です）。

さて、中学校で教師をしようと決めたあなたの動機は何ですか？　少なくとも、小学校に就職できなかったから仕方なく中学校に来た、という理由ではないことを願っています。

多くの教師が小学校を希望していることはよく知られています。つまり、みんな子どもは好きだけれどもティーンエイジャーは苦手だというわけです。でも私たちは、一三歳から一六歳までの年代がとてもエキサイティングで、さまざまなことを学んで成長する時期だと思えるような人に、中学校の先生になってもらいたいと思っています。そして、あなたがそうであることを心から願っています。

八年生の生徒たちを見ると、何人かはまだ子どもだけど何人かは大人になりかけている、といった印象を受けるでしょう。少なくとも身体的には大人になりつつあり、難しい問題をぶつけてくると同時に大きな可能性も秘めています。もし、グループがよいダイナミズムを生むことができれば、とてもよい学習が起こるのです。このような中学校の教室にいることは、教師として大きな幸せとなります。

中学校の生徒たちは複数の小学校の出身者です。生徒たちは、誰といっしょのクラスになるかについて大いなる関心をもっています。中学校では、小学校の教師と連絡をとりながら誰と誰をいっしょのクラスにするかを慎重に検討します。問題のあるグループの生徒は別々のクラスにしますし、逆に互いを必要としていると見なされた親友同士は同じクラスにします。また、特別なニーズのある生徒たちが、授業でしっかり学べるようなクラスを組むといった配慮がなされることもあるでしょう。このような作業はあなたが教壇に立つ前に終わっているはずなので、あなたはすでに「できあがった」クラスを、特定の教科において特定の

中学校の廊下で。先生が来るまでの待ち時間は楽しそうです。

時間受け持つことになります。

学校によっては、二人の担任を置いている場合もあるでしょう。その場合、生徒たちは二つのタイプの教師に出会うことになります。ご存じのように、「母親タイプ」が好きな人もいれば、「娘タイプ」を好む人もいます。ですから、二人の教師との交流がもてるのは生徒からすればよいことなのです。

多くの生徒にとって、中学校の初日は小学校の初日ぐらい大切なものです。彼らは、小学校の上級生から中学校の下級生に変わることに多かれ少なかれ不安を抱いています。ひょっとしたら、トイレで水をかけられるといった嫌がらせや、いじめについての噂を聞いているかもしれません。そして、忘れてならないことが、成績がつけられるということに対する「期待」と「不安」です。

移民の背景をもつ中学生。協力しながら学習に取り組みます。

ですから、小学校とは別の形ではありますが、ここでも穏やかなスタートが重要となってきます。あなたが生徒たちのことを知り、生徒たちがお互いのことを知ることに時間をかけてください。自分が嫌な思いをしていたり、嫌な思いをしている人を知っている場合はすぐに教えてほしいと伝えましょう。これは、「告げ口とは違う」ということもはっきりと言ってください。毎日、辛い思いをして学校に行っても学ぶことはできないのです。

あなたの学校では、早々にクラス全員を遠足に連れていく慣習があるかもしれませんね。あるいは、先輩教師がクラスの雰囲気をよくするためのヒントをもっているかもしれません。いずれにせよ、生徒たちがあなたやクラスメイトに、自分自身のことや何に興味をもっているかなどについて

中学校の美術の時間。教師がサポートします。

話す機会を何時間かとってください。こうした時間は無駄にはなりません。おもしろい本の朗読、ケーキづくり、今週の歌や詩などを使って時間を共有するのもいいでしょう。そして、生徒の誕生日には歌を歌うことを忘れないでください。中学生とはいえ、誕生日はまだまだ嬉しいものです。

さて、クラスのよい雰囲気をつくることも重要ですが、同じように、最初に教室環境の枠組みをつくっておくことも大事です。たとえば、誰をどこに座らせるかについては、初日までにあなたが決めて机に名札をつけておくとよいでしょう。そうでないと、最後尾に騒がしい生徒たちが集まり、あとで彼らを引き離すのが大変になります。

生徒たちには、あなたがどのような雰囲気を望んでいるかを伝えましょう。もし、授業を起立とあいさつではじめたいのであれば、初日からそのことをはっきりさせておきましょう。そして、宿題を一度出したら、生徒がいくら文句を言っても変えないようにすることも重要です。

これらのことを読んで、「古臭い」だとか「お堅い」と感じましたか？　私たちのこれまでの経験上、重要なことは次のようなことです。

中学校の教室で何をするかのシナリオを持っているのはあなたである、ということです。そのことを認識していなければ、すぐに要領のよい生徒にシナリオを持っていかれるでしょう。あなたが学習のための静かな教室をつくるのです。そのことを肝に銘じておいてください。もし、それが不可能な状態に陥ったら、なるべく早く校長先生に連絡をとりましょう。

常連となっている騒がしい生徒たちがあなたの不安を嗅ぎつけて、それを利用するということがあってはなりません。あなたが統制を失えばよい学習環境はできないのです。「あの先生のところでは騒げる」という噂はすぐに広まり、それを振り払うのは容易なことではありません。多くの新任教師は、「初めから厳しい態度をとると、気難しく怒りっぽい教師だと思われてしまうのではないか」と不安に思っています。しかし生徒たちは、その厳しい態度も自分たちの居心地を考えてのことだということにすぐに気づくでしょう。ですから、決然とした態度をとることをおそれないでください。

教師のなかには、決めたことについてその理由を逐一説明しようとする人がいます。もちろん、理由を述べることも重要です。しかし、いつもそうだとはかぎりません。時には、「先生がそう決めたから」あるいは「そうあるべきだから」という理由で決めることも重要なのです。

自己評価および教師の評価に取り組む9年生

あなたが決めたこと——英語の授業の導入や来週木曜日の社会科のテスト、そして教室のなかで上着は脱ぐこと――の理由を述べたところで、生徒が拍手喝さいをしてくれるわけではありません。それより、決めたことについて「そう決めたから」と繰り返したほうがよいでしょう。

もちろん、創造的な騒がしさはあっていいのです。ただしそれは、教室のリーダーであるあなたがそれを望んだときだけです。ノルウェーの学校では、多くの子どもたちが、教室が静かになるのをただ待っていなければならないという現状があります。教師が、グループを適切に導くだけの術《すべ》をもっていないからです。生徒たちは厳しい教師を求めており、そしてその厳しさに耐えられると私たちは思っています。

とはいえ、生徒たちは、多くの教師と同じように傷つきやすい存在です。外見上どれだけ突っ張っていても、彼らは教師の機嫌がどうであるかについて非常に敏感です。「先生は僕・私のことが嫌いなんだ」という感情は、あなたが想像する以上に広がりやすいものです。ですから、一人の生徒と向き合わなければならないときは注意してください。生徒個人を責めているのではなく、その生徒のある特定の行為を責めているのだということをはっきりとさせましょう。信頼のおける同僚にいっしょにいてもらい、誤解や険悪さをといてもらうのも一つの方法です。

しかし、あなたが間違っていることも多々あるでしょう。そのときは、きちんと謝ってください。個人的に、あるいはクラスの前できちんと謝ることは必ず肯定的に受け止められますし、あなたに対する敬意も高まること間違いなしです。

第2章 保護者との出会い

生徒と保護者。校庭にて。

あなたにはたくさんのことができる――でも、すべてではない

「すばらしい学校」は、教師と生徒がともに築くものです。しかし、その相互作用がうまくいくために、保護者はとても大きな役割を果たします。家庭と学校の協働については、たくさんの美しい言葉が語られています。あなたもそれらに出合ったことがあるでしょうし、もしかしたら、そうした言葉に同意しているかもしれません。では、「家庭と学校のよい協働」とは実際にはどういうことを意味するのでしょう?

まず前提としなければならないことは、保護者は自分の子どもについての専門家であるということです。このことは、常に頭に入れておかなければなりません。保護者は子どもが生まれたときから毎日子どもを見て、子どもがよい状況にあるときも悪い状況にあるときも、さまざまな経験をしてきました。もちろん、保護者は子どもに対して客観的な観察者ではありませんが、そうする必要もないのです。いずれにせよ、あなたが絶対に得ることのできない子どもについての知識を保護者はもっています。

次に前提となることは、学習についての専門家はあなたであるということです(もちろん、今はまだそうは思えないかもしれませんが)。あなたは子どもたちを、授業という特殊な状況にお

いて見ています。そして、どの子どもがほかの子どもと同じようにでき、どの子どもがほかの子どもよりもできたりできなかったりするかが見えるのです。つまり、あなたがもっている知識は保護者が得ることのできない特殊なものだと言うことができるでしょう。

こうして、保護者と教師は総じて子どもについてたくさんの知識をもっていることになります。ここからすべきことは、これらの知識を子どもにとって最善となるように利用することです。

保護者の子育てに対してあなたがどう思っていようと、すべての保護者とよい協働関係をつくることがあなたの責任です。子どもに対して一番の責任を負っているのは毎日子どもをケアをしている保護者ですから、子ども

保護者同士の交流。クラスの遠足にて。

の最善のためには信頼関係をつくることが重要となります。あなたが子どものためを思っていて、子どもにも保護者にも幸せであってほしいと願っていることを保護者が知れば、あなたがたとえ言いにくいことを言ったときも耳を傾けてくれるでしょう。

多くの保護者は、教師が子どもに対してどれほど大きな権力や影響力をもっているかを知っていますので、子どもが学校に行く年齢が近づいてくると緊張し、次のような不安を抱くことになります。

●うちの子を担当する先生はどんな人だろう?
●その先生について事前に知ることはできるだろうか?

教師についての評判はあっという間に広がります。新任教師のあなたは、好むと好まざるとにかかわらず、今まさに自分についての評判をつくりあげていっているのです。あなたは、どのような評判を希望しますか? また、どのようなタイプの教師として見られたいですか?

人と人との良好な関係をつくる際、「信頼」という言葉がキーワードになります。保護者があなたを信頼するために、あなたはどうあればいいでしょうか? 馬鹿げた質問だと思うかもしれませんね。あなたは、あなたでしかありえないのですから。

もちろん、個人の性格には状況によって変わらない特性もありますが、人間というのはもっと複雑なものです。ですから、あなたは自分でわかっている以上に多様な面をもっているはずです。あなたは、人に会うたびに自分のさまざまな面を見せることになるでしょう。時には、率直で物怖じしない面を見せるかもしれませんし、また別のときには内気で遠慮がちな面を見せるかもしれないのです。

第1章で述べたように、小学校で働く場合、初日に子どもと保護者の両方に会えるかもしれません。しかし、中学校の場合、あなたが初めて保護者に会うのは秋の保護者会になるかもしれませんね。人との出会いが常にそうであるように、あなたの第一印象を伝えるチャンスは一度きりです。もちろん、あなたは、可能なかぎりよい第一印象を与えたいと望んでいることでしょう。では、そのためにはどうすればよいのでしょうか？

保護者会

招待の仕方は？

多くの学校では、秋に行われる第一回目の保護者会についての招待状を学校でつくって各家庭に送ります。しかし、もしあなたが働く学校においては自分で招待状をつくらなければならないとしたら、どのようなことを書いたらよいでしょうか。まず、内容は肯定的なものにしましょう。たとえば、あなたが保護者に会うことを楽しみにしているということ（もちろん、おなかのなかではチョウチョが飛び回るほど緊張しているでしょうが）、そして保護者の方々も会合に来ることを楽しみにされていると願っていること、などです。

保護者会でどのような話題を取り上げるのかについて書いておけば、保護者もそれなりの準備をしてくることが可能となります。また、招待状を配布する前に同僚か管理職に内容と形式をチェックしてもらいましょう。配布は八～一〇日前に行い、返事をもらうようにしましょう。そうしたほうが保護者の参加率も高くなりますし、あなたが願っているように多くの保護者が集まってくれます。

ところで、多くの招待状が保護者会の前日（あるいは翌日）まで子どものカバンのなかに忘れ去られているという危険性があります。それを回避するためにも、連絡帳に返事を書いてもらうのがいいかもしれません。小さな紙切れというのはとかく紛失しがちです。また、母親と父親が別々に住んでいる場合もあります。あとでお互いが不快な思いをしないように、両親のどちらもが招待状を受け取れるように配慮しましょう。

さて、保護者会の当日、教室はどのようになっていますか？　会がはじまる前に教室に行きましょう。机や椅子は、保護者会がよい雰囲気になるように配慮して並べましょう。保護者同士が初めて会うのであれば、子どもの名前が書かれたカードを机に置いて、自分の子どもの席に座ってもらうのもいいかもしれませんね。

机の並びをコの字型や円にしてもいいし、まったく別の形でもかまいません。重要なのは、並び方についてあなたが考えをめぐらせたということです。私たちのこれまでの経験から言うと、列に並んでいる配置ではお互いの後頭部を見ながら話さなければならないので、コミュニケーションが難しくなってしまうということです。

花を置いたり、キャンドルを一つ置いたりするだけで雰囲気はよりよくなります。紙コップとコーヒー・紅茶のポット、それにひとつまみのクッキーがあれば緊張もさらに和らぐかもしれません。当然、あなたは緊張しているでしょう。しかし、保護者も同じように緊張しているのです。

着るものは？

あなたには次のような経験がありますか？

ある講演者が、どう見ても、その服で三週間は過ごしていたのではないかと思えるような服を着ていた。にもかかわらず、講演内容が素晴らしかったために汚いジーンズやボロボロのシャツのことなどはまったく気にならなかった。

仮にこのようなことがあったとしても、こうした講演者は例外とされる人たちです。決して、自分に当てはめないようにしましょう。私たちのほとんどが、素晴らしい内容で服装をごまかすことなんてできないのです。逆に、自分が着るものによってどのようなシグナルを出すことになるのかを考えたほうがよいでしょう。最高に着飾ってください、というわけではありません。むしろ、誰もあなたの服装を気にかけないぐらいニュートラルな服装がいいかもしれません。気にかけてほしいのは、あなたの発信するメッセージのほうなのですから。

こんな服装の話を聞いて、瑣末なことだとあなたは思うかもしれません。しかし私たちは、このような状況のときは「自分が着たいものを着る。妥協はしない」と考えるのはあまり賢いことではないと思っています。あなたが目標とすることは、職業も社会階層もさまざまなすべての保護者から信頼を勝ち取ることです。あなたの服装が不要なバリアをつくってしまうことがないようにしてください。

議題は？

多くの教師は、保護者会を前にして不安になります。批判されるのではないか、対応できないような問題を提起されるのではないか、保護者が不快だと感じはしないだろうか、などです。しかし、緊張しているのならば「緊張している」と伝えてもいいのです。最初にそういう話をすることで雰囲気を和ませることができるかもしれません。それから、その日の保護者会の議題が先

「保護者会へようこそ」

に送った招待状だけでは明確でないと思ったら、まずそれについて説明をしましょう。

もし、保護者同士が初対面であれば自己紹介をしてもらいましょう。あなたにとって有効であるだけでなく、保護者にとっても嬉しいことなのです。保護者は、多かれ少なかれ自分の子どもからほかの子どもについての話を聞いているはずです。誰が「リナのお母さん」かを知るのは意義のあることです。でも、自己紹介にあまり長い時間をかけてはいけません。

もし、保護者に会うのが初めてであったとしても、保護者はすでに子どもたちからあなたのことを聞き、あなたについての印象をもっています。繰り返しますが、教師というのはあらゆる家庭で話題となるのです。つまり、あなたは各家庭において重要人物となってしまっているわけです。

当然、保護者は、あなたを生で見ることに興味津々となっています。最近クラスで何をしているのか、どうしてそうした活動をしているのかについて、じっくりと時間をかけて話してください。また、これから半年かけて何をしようとしているのかについて話すのもよいでしょう。

それによって保護者は、子どもたちが何をしているのかがイメージできるようになります。子どもによっては、学校のことを家で詳しく話す場合もあればほとんど話さないという場合もあります。だから、学校での子どもの様子をあまり知らない保護者もいるでしょう。それをふまえて、話を途中で区切って保護者同士が話し合ったりする時間をとり、質問が出やすい環境をつくりましょう。

保護者会において出てくる質問は、帰り道で保護者が話すことに比べたらかなり肯定的なものです。また、私たちの経験では、多くの保護者が教師に対して直接的な批判はしません。というのも、保護者たちは子どもたちが「仕返しをされる」のではないかという先入観をもっており、おそれているのです。ですから、保護者がどんな質問でも出せるように批判を奨励し、歓迎しましょう。そうすれば、専門家として批判をきちんと受け入れる準備があなたにあるということが伝わるはずです。そして、批判的な質問を受けても反論をせず、保護者が心に思っていることをまず話してもらうのです。

もし、その場で答えられないような質問が出たら時間をもらいましょう。その場ですべて答えることができる「英雄」である必要はないのです。完璧であろうとすることによって、逆にコミュニケーションの扉を閉ざしてしまうかもしれません。それに、保護者にとっては、あなたが何を言ったかよりは人間としてどうであるかが重要なのです。

あなたは、気難しがり屋で怒りっぽいですか？　それとも明るくてオープンですか？　ユーモアのセンスがあって自分自身を笑えますか？

保護者からかかってくる電話のことを取り上げてみましょう。あなたは、「いつ電話をしてほしくないか」を言ってしまうタイプですか？　それとも「遠慮しないで電話をください」と伝えるタイプですか？

もちろん、電話を歓迎すると言ったところでほとんどの保護者は時間を考えずにはかけてこないでしょう。彼らにとっては、もし何か問題が生じたときには教師に電話をしてもよいのだ、ということを知ることが重要なのです。もちろん、時間を考えずに電話をかけてくる保護者には制限を設けることも重要となりますが。

さて、保護者は会合を居心地よく感じているでしょうか。あなたが、子どもを好きだということが伝わっているでしょうか。また、子どものユニーク

バイオリンを伴奏に踊る子どもたち

な点をあなたが見つけてくるだろうと信じているでしょうか。

多くの保護者にとって、学校に来るのは自分が生徒だったとき以来です。彼らの学校での思い出のなかには良いことも悪いこともあるでしょうし、学校が好きだった人も嫌いだった人もいるでしょう。しかし、彼らが共通してもっている願いは、自分の子どもがよい学校時代を送れるようにということ、そして学校が調和のとれた人間に育つための場になってくれるように、という願いです。これらは、ひとえに教師であるあなたの双肩にかかっています。考えただけでも緊張してしまいそうですが、教師のもつ影響力について知っておくことは重要です。

学校での居心地や学習に一番影響のある要素は、どの調査においても、教師と生徒の関係だと言われます。一クラスの生徒数が減っても、教室にパソコンを配置しても、教師がよい学習環境をつくれなければ何の意味もありません。ですから、子どもとあなたの関係を支えてくれる保護者との信頼関係をつくることにたっぷりと力を注ぎましょう。その重要性を早くから認識しておけば、何か問題が起こったときでも素早く解決することができます。

秋の保護者会では、保護者のクラス代表の「選挙」というあまり人気のないイベントもあるかもしれません。保護者にとって、クラスの代表になるということは大きなプレッシャーとなりますし、不安でもあります。良心的な人ほど、そのプレッシャーを大きく感じてしまいます。教師のなかには、クラス代表の選出を自分たちの責任だと思っているがゆえに、保護者の不安を和らげようとして「仕事はほとんどありません、簡単ですよ」と言う人がいます。そして、「じゃあ、私やります」という人が現れるとみんなホッとするわけです。

しかし、私たちは、クラス代表が自らの責任を自覚していることが学校にとってとても重要だと考えています。子どもたちがサッカークラブに入ったり、ボーイスカウトやガールスカウトに入ると保護者の仕事が増えるということは周知のことですが、それはクラス代表になっても同じだということです。

たとえば、クラス代表は、普通、自動的に[1]学校の保護者代表委員会（ＦＡＵ）の委員になります。保護者代表委員会は、学校のなかで一番上に位置づけられている学校協議[2]会の保護者代表を選出します。そして、クラス代

クリスマスの発表会を観に来た保護者たち

表は家庭と学校をつなげる媒介者としての役割を担うと同時に、社交的な集まりを企画したり、テーマを設けた会合（たとえば、学校における規則づくりについて）を開くこともできます。学校によっては、クラス代表のための情報や仕事の内容を織り込んだ独自の資料や、全国の基礎学校保護者委員会[3]（ＦＵＧ）がつくった資料を配ることもあります。保護者会で紹介できる資料があるかどうかを学校に聞いてみてください。

多くの保護者は学校の力になりたいと思っていますが、だからといって、自分が出した意見や提案についてすべての責任をもつことは負担となります。そこで、もしクラスが前年度からの持

---

(1)（Foreldrerådets arbeidsutvalg：FAU）学校のすべての保護者が参加する保護者委員会（Foreldreråd）から選出される代表委員会である。教育法によって設置が定められている。通常、クラスごとの保護者代表からなる。代表委員会のなかの二人は学校協議会（左の注2を参照）に参加する。

(2)（Samarbeidsutvalget）教育法によって、すべての基礎学校に設置が定められている。学校に関するすべてのことに意見が出せる委員会であり、教師二人、職員二人、保護者二人、生徒二人、コミューネ（市）の代表二人から構成される。コミューネの代表者のうち一人は校長である。なお、生徒代表は、守秘義務のある事項について話し合われるときは参加しない。

(3)（Foreldreutvalget for grunnskolen：FUG）教育法によって設置が定められている。学校と家庭の協働に関する政策のアドバイスや、全国の保護者や保護者委員会のための情報・サービスを提供する機関である。ウェブサイトは、保護者のための資料などが充実している。http://www.fug.no/

ち上がりであれば、前代表の方たちに選挙委員になってもらい、引き継ぎなどの準備をしてもらうのがいいかもしれません。それを保護者会の招待状で明記しておけば、選挙に対する不安も和らぐでしょう。

教師の多くは、選出について介入しないようにその場から席をはずすようです。そのとき、一つだけ保護者に気をつけてもらわなければならないことがあります。それは、親権をもっている人しか代表になれないということです。たまに熱心な継父が代表として立候補するというケースがありますが、これは正式には認められていません。しかも、その彼と本当の父親との関係が複雑であれば後者が疎外感を感じることにもなるでしょうし、そうなれば、今後あなたと父親との協働は難しくなります。これらの正式な手続などについては、事前に知らせておく必要があります。

難しい保護者会

あなたはこれからはじまる長い教師生活の間に、ときには難しい状況下での保護者会にのぞむことにもなるでしょう。それは、ある出来事や事件が起こったからかもしれませんし、あなたのクラスに対してほかの教師から苦情が来たり、生徒の病気や問題行動が理由かもしれません。こうした保護者会にのぞむときは、十分に準備をすることが重要となります。また、管理職や専門家に参加してもらうのがよいときもあります。

ある特定の生徒について取り上げる場合は、何を話すのかについてその生徒の保護者の確認および同意をとっておく必要があります。生徒が深刻な病気や障害をもっている場合は、不適切な噂が出る前に正式な会合で知らせておきたいと考える保護者もいます。こうした場合、専門家や特殊教育支援センター(4)が協力してくれるかもしれません。また、保護者が自分で話したいと思うときもあります。これは、難しい状況を打開し、よい対話を生むきっかけとなるかもしれません。

事前の準備ができない状況でトラブルが生まれる場合もあります。たとえば、ある母親が保護者会で突然、「娘は、クヌート君がこわいって言うんです。いったい、クヌート君はなぜあんなに人をぶったりするのですか？」と発言したとしましょう。

クヌート君の保護者が出席している場合は、事はそれほど大きくならずにすみます。今、何を取り上げて話し合うべきかを、彼ら自身が決められるからです。しかし、クヌート君の保護者が

(4)（kompetansesenter）全国にある一三の国立の特殊教育支援センターと、その他の五つの特殊教育センターのことを指す。ノルウェーでは、一九九一年に国としては特殊教育学校を廃止し、代わって通常の学校における特殊教育をサポートする支援センターを設置した。特殊教育や障害についての情報提供や相談窓口、教材のデータベースなどを有する。教育庁のもとに置かれた全国特殊教育サポートシステム（Statped）が全国の支援センターをとりまとめている。http://www.statped.no/

出席していない場合は、あなたは「今、そのことについて話すことはできません」と言わなければなりません。それは、時間をもらって、まずはクヌート君の保護者と話さなければならないからです。そして、気をつけなければならないことは、その問題を取り上げようとした母親の発言もむげに却下してはいけないということです。彼女は不安だからこそ、そのような発言をしたのですから。

問題を抱えている子どもの保護者のなかには、情報にふたをしてしまう人もいます。もちろん、彼らにはそうする権利はあるのですが、理由を隠したままある子どもを特別扱いすると、ほかの生徒にも影響を与えることになってしまいます。あなたは教師として、そうした問題をきちんと説明しておかなければならないのです。

たいていの生徒や保護者は、事情さえ知っていればある子どもが特別な扱いを受けることも理解してくれます。一人だけで説得することが難しいなら、教育・心理相談所[5]（ＰＰＴ）に協力をお願いしましょう。それでも保護者がどうしても話したくないというのであれば、日々の問題状況を書き留めておきましょう。あとで問題が表面化したとき、必ず助けとなります。

さまざまな会合の議事録をとっておくことも重要です。保護者は、問題が生じて多大なプレッシャーに直面してしまったとき、「私たちはそんなこと言っていない！」とか、「学校が何を意図していたのかわからなかった！」と言うこともあります。こういう場合、過去の会合での記録があり、しかもそのコピーがすでに保護者のもとにあれば誤解や記憶違いを防ぐことができます。とかく私たちは、「これについては合意された」と考えがちです。それに、教師は元来、文章で記録を残すことが得意ではなかったということも確かでしょう。しかし、「この保護者会については絶対忘れない」と思っていても記憶はだんだんと薄れていくものなのです。「議事録やメモが大事だ」ということは、何度言っても言いすぎることはないでしょう。

もし、保護者会においてその場にいないほかの教師についての批判が出たらどうするべきでしょうか？　あなたは、「誠実であること」について葛藤することになります。担任教師として、あなたは保護者に対して誠実でなければならないのと同時に、同僚に対しても誠実でなければならないからです。

もしかしたら、あなたは同僚についての保護者の批判を理解することができるかもしれません。あなたも同じように思っているかもしれないし、たとえ言葉にせずともあなたの表情がそれを物語ってしまうかもしれません。くれぐれも、そうした事態は避けたいものです。しかし、一方で

（5）（Pedagogisk-psykologisk tjeneste：PPT）主に特殊教育を必要とする子どもをサポートする機関であり、すべてのコミューネ（市）と県コミューネに設置することが決められている。業務としては、ある子どもが特殊教育を必要としているかどうかの専門的な判断を行ったり、学校や教師が特殊教育を行う際のサポートをする。教師と協働して生徒のための「個別教育計画（ＩＯＰ）」（一〇五ページの注１を参照）を作成する。

保護者の批判を却下してもいけません。保護者には、自分がどういう問題として受け止めているかを話す権利があるのです。

こういう場合、あなたはこうしたらよいでしょう。まず保護者のクラス代表に、この問題について校長と話してほしい、と伝えましょう。そして、批判の対象となった教師を会合に招いて、その場で問題を話してもらうことにしてください。さらに、このような話し合いは、担任教師であるあなたが教室を去ってからしてほしいとお願いしましょう。つまり、あなたはその話し合いに参加してはならないのです。

保護者面談

内容、方法、そして重要性

法律や規則では、「学校は生徒の家庭と一年間に二度は連絡をとらなければならない」とあります。ほとんどの学校では、秋と春の保護者面談の時間がそれにあたります。面談は、生徒の現状を検討するアセスメントのための対話でなければなりません。規則によると、「生徒のアセスメント」とは以下のように規定されています。

●生徒の学びと成長を促し、能力や才能を発揮するモチベーションを与える。
●生徒が達成したコンピテンス（学力・資質）を記録する。
●生徒に、学習プロセスと結果についてのフィードバックとフォローアップを与える。
●学校と家庭の相互連絡を促すための情報を与える。

こうしたアセスメントの掲げる高い目標を、教師は真剣に受け止めなければなりません。でも、一度にすべてを達成しようなんて思わないでください。また、その必要もありません。

面談の行い方を具体的に見ていきましょう。まず、時間は三〇分ぐらいがちょうどいいと思います。保護者に対しては、事前に面談の日時についてのお知らせを配布しましょう。こちらが指定した日時に来れない保護者については、別の保護者に面談時間を交換してもらえるようにお願いします。面談内容の概要をお知らせといっしょに配布するのもいいでしょう。楽しかったこと、学習の取り組み、教師やほかの生徒との関係、整理整頓などを項目として挙げておけば、生徒も保護者も準備がしやすいでしょう。もちろん、それらの項目は、生徒の年齢や成長段階を考慮してつくる必要があります。

では、生徒は保護者面談に参加すべきでしょうか？　これについてはさまざまな実践があります。幸い現在では、小学校高学年および中学校の生徒は面談に参加するのが主流となっています。

以前は、面談の翌日に、言った覚えのない発言を生徒が取り上げて問題にするといった事態がしばしば起こっていました。教師が言ったことを保護者が拡大解釈したり、逆に省略したりして生徒に伝えてしまったのでしょう。こんなとき、教師としては保護者を批判することになるので訂正もできません。このような苦い経験は過去のものになった、と私たちは信じたいです。少なくとも、「自分の学習に対する責任」という言葉が机上の空論にならないためにも生徒の参加は重要です。

低学年の保護者面談は、生徒がいっしょにいるのといないのとではまったく性質が異なってきます。生徒が同席する場合の面談を思い描いてみてください。

私たちのこれまでの経験では、子どもに「学校は楽しい？　意地悪されたりはしない？」といったことを聞くだけのインタビュー形式になりがちでした。ほとんどの教師が、生徒を疎外して大人同士で話をすることをおそれてしまうからです。

では次に、教師と保護者だけが会う場合を考えてみましょう。まったく違う形になると想像できますね。

私たちは、一年生の最初の面談は生徒がいない状態で行うことをすすめます。子どもたちが入学して、あまり時間がたっていない秋ごろに行うのがよいでしょう。ここで重要なのは、「大人だけの場」で子どものことをよく知っている保護者から情報をもらうことです。そして、あなた自身は授業をどのように組織しているかを話してください。さまざまな状況で、何を、なぜするのか。生徒をグループで座らせているのはなぜか、親友を隣り合わせに座らせないのはなぜか、などを話してあげてください。

とはいえ、保護者と生徒がいっしょにいる状況を見ることももちろん大事なことです。ですから、できれば一年のうちに生徒なしの面談を一回行い、そして生徒もいっしょの面談を一度実施できればよいですね。いずれにせよ、それぞれの面談の意図や目的を十分吟味することが重要です。

保護者面談にも、保護者会と同じようにさまざまな問題や障害があります。保護者面談が偶然隣の部屋から聞こえてきたら（ノルウェーの学校には防音設備があまりないので）、

4人グループで座っている教室（5年生）

教師が長い独り言を言っているのではないかと思い、思わず覗きたくなるでしょう。その一例を紹介します。

抑揚も色彩もない一方的なコミュニケーション。教師は、自分や別の教科を受け持っている教師が事前に書いたものを読んでしゃべり立てるだけ。生徒は、母親や父親といっしょに座って教師の話すことを当惑しながら聞いている。最後に、ようやく教師から「さて、ヨン君の学校生活についてどう思われますか?」という質問が来る。そのときには、もう三〇秒しか時間が残っていません。次の親子が教室の外で待っていて、時間は厳守しなければならないのです! ヨン君は、上級生の男子生徒にいじめられるから毎朝スクールバスに乗るのがこわい、ということを先生に知らせることができませんでした――。

あなたはこのような話を単なる大げさな逸話だと思うでしょう。しかし残念ながら、私たちはこのような面談を保護者の立場で経験してきたのです。

私たちは、新任教師であるあなたにいくつかのアドバイスをしたいと思います。

●しゃべり続けるのはやめましょう。沈黙をおそれることはないのです。

●対話は、生徒と保護者に「学校生活は最近どうですか? どう思っていますか?」と、質問するところからはじめましょう。また、生徒の言動について話すときは、どう思うかではなくあなたが見た事実を話すようにしましょう。たとえば、「ハンス君は授業時間中に騒がしいです」

ではなく、「ハンス君は、昨日一五回も席を立ちました。一〇回はほかの生徒の筆箱から何かを借りるために教室のなかを歩いていました」と言いましょう。あなたの話したことをもとにして、保護者に結論を導いてもらいながら、共同で解決策を探っていくことが大事なのです。

●あなた自身やあなたの子どもについてのエピソードを、面談中に話すのはやめましょう。面談で取り上げるべきことは、あなたのことではなく目の前にいる保護者と生徒のことなのです。

●生徒の兄弟姉妹について話すのもやめましょう。新任教師としてはあまり関係のないことかもしれませんが、数年後、あなたは今目の前にいるトロン君の妹の担任になるかもしれません。そうなったとき、トロン君と妹を比べないように心がける必要があります。

●もちろん、基本的にはポジティブなことを話しましょう。

●しかし、難しい状況がある場合は、そのこともおそれずに言いましょう。

●あなたが批判されたとき、無意識に自己弁護をしないように気をつけましょう。間違いを認める勇気が必要です。

●問題の所在を明らかにしましょう。それは学校の問題なのか家庭の問題なのか、それとも双方の問題であるのか。

●確信のもてないことがあったら、時間をもらって詳しく調べましょう。

●すべての問題を一度の面談で解決することは不可能です！　高望みはしないようにしましょう。

多くの教師は、面談のなかで同意されたことなどについてメモをとっています。たとえば、生徒が忘れ物や遅刻を減らすように努力するという合意事項や面談時に出たキーワードを書き留め、あとで詳細を思い出しながら記録をして保護者にコピーを渡しています。こうすることで、二六人の生徒についてどのような面談をしたかを記憶することが容易になりますし、次の面談のときに「このことは前にも取り上げましたね」と言うことができたり、「前回話したときは、転ぶと毎回泣いていたのがこのごろは泣かなくなりましたね！」と、生徒の成長を示すことができます。

繰り返しますが、文章による記録はいざというときに助けになるということを強調しておきます。近年では、学校についての規則でもそのことが強調されていますので、忘れないでください。

両親が別れて暮らしている場合

離婚や別居をしている親をもつ生徒も多いでしょう。この場合、あなたは各種のお知らせがどのような経路で家庭に渡っているかをきちんと把握しておく必要があります。多くの場合、両親は双方とも親権をもっており、どちらにも「お知らせ」を受け取る権利があります。両親が親権についてそれぞれ異なったことを主張した場合、学校として、両親の間の合意事項を正確に把握するようにしなければなりません。

多くの両親は、別居後も問題なく二人で保護者面談に出てきてくれますが、そうでないケースもあります。教師のいる前で双方が悪口を言い合うなどといった状況は、子どもにとっては心が痛む問題です。教師として、そのことをはっきりと指摘してもいいでしょうし、必要とあれば対立する言い合いを止めてもいいでしょう。そして、生徒とは、そのことについて後日二人だけで話す機会を設けてください。

しばしば生徒は、親の言動について恥ずかしい思いをしています。教師がそうした状況に対して理解を示してあげれば、生徒もうれしいし安心をします。

今は、人生において大変なときなのだという理解を示してあげてください。ただし、面談で起こったことを必要以上に大げさに扱うことはありません。生徒のほうは、もっとひどい状況をたくさん経験してきているはずです。あなたにできることは、子どもにとって最善となる策を考え、できるだけ柔軟に対応することです。たとえば、それぞれの親と個別に面談するというのは一つの解決策となるでしょう。

ネグレクト

教師をやっている間に、あなたは必ずネグレクト（育児放棄）のような虐待を受けているおそれのある生徒に出会うことになるでしょう。学校と校長には、児童保護法(6)にもとづいて、虐待の可能性を児童保護機関に報告する義務があります。もし、あなたがそうした疑念をもったならば、学校は保護者を呼び出して、そのことを伝えなければなりません。当然、難しい面談となります。この場合、必ず管理職の同席を求めましょう。

話し合いでは、なぜあなたが疑念をもったかという、あなたの心配事がスタートとなります。ここで注意しなければならないことは、あなたは、解釈ではなく観察される事実だけを話すべきだということです。この時点では、まだ保護者がその子どもについての専門家であるというルールは成立しています（そう、その逆が証明されるまでは）。

しかし、あなたのほうも授業の専門家であり、その子どもがほかの生徒とどのように違うのかを見る専門家でもあるのです。あなたが心配している点を、明確に、そして直接的に伝えてください。たとえば、以下のようにです。

●一〇歳のヘイディは、毎日疲れていて一時間目は眠ってしまう。
●彼女の服から汚臭がするので、ほかの生徒が彼女の隣に座りたくないと言う。
●彼女はほとんどお弁当を持ってこない。
●彼女はいつも、夜中に見る暴力的な映画の話をする。
●一四歳のオーレは、秋学期の四〇パーセントを欠席した。
●彼は学校に来ているときも疲れていて元気がない。
●彼は教材を一度も持ってこないし、宿題を一度もやってこない。

もう一度言います。決して、前述の心配事から結論を導かないことです。ネグレクトや虐待の可能性があっても、引き続きあなたは保護者と協力していかなければならないのです。しかし、話し合いでは見たことをありのまま伝え、それを基本としてください。また、児童保護機関にそのことを伝えなければならないことも明確にしておきましょう。

ひょっとしたら、保護者は反発し、攻撃的になるかもしれません。しかし、自分の私生活を干渉されることに怒りを覚えるのは自然なことなので、それをおそれる必要はありません。もしかしたら、のちのち、こうした過程を経たからこそ保護者とのよい協働関係が築けるかもしれないのです。そのときは、あなたがいつも明確に発言してきたことが信頼の基盤になっているかもしれないのです。

私たちは、すべての親が心の奥底では自分の子どもにとって最善を尽くしたいと願っていると考えています。ただ、親のなかには、具体的にどうすればよいのかがわからずに助けを必要としている人たちもいるのです。

（6）（Barnevernsloven）一九九二年に定められ、健康と成長を阻害する環境にある児童・青年を保護し、また児童・青年の安全な育成を促進するための法律である。対象は基本的に一八歳未満。サポートや介入の決定が行われる際には、それが「子どもにとって最善である」かどうかを原則とすることが明記されている。

「大安売り」

保護者とインフォーマルに出会う場所

あなたの赴任地が大きな町だったら保護者と偶然町で出会うというケースは少ないと思うので、この項は必要ないかもしれません。しかし、もしあなたが小さな町に赴任したら、あなたがいったい誰なのか、誰といっしょに住んでいるのかということはあっという間に知れわたります。これにはよい面があります。あなたの周りには、若くて新しい教師が楽しく過ごせるようにサポートしてくれる温かい人がたくさんいるはずです。あなたが居心地よいと思うことは、そこに住む人々にとってもよいことなのです。なぜなら、あなたが出ていってしまえば、来年また経験のない新しい教師を迎えるというリスクを負わなければなりませんからね。

しかし、小さな町は関係が近すぎるという短所もあります。たとえば、スーパーのレジに並んでいるときに、自分の担当している生徒の母親に会って、その母親が保護者面談よろしくその場で相談をしてくるかもしれません。しかし、あなたは生徒を尊重しなければなりませんから、その面談は誰かに聞こえるような場ではなく閉じられた空間で行わなければなりません。母親があなたに回答を求めたら、「スーパーマーケットで生徒の様子については詳しく話せません」と明確に、でもユーモアを交えて伝えましょう。母親の働きかけを拒む必要はありません。ただ、学校や電話で話せる時間を具体的に提案すればいいのです。

小さな町では、人々は好奇心をもってあなたのことに注目しているでしょう。もし、あなたが私生活の詳細を知られることなく過ごしたいのなら、つまりがあなたが土曜の夜にどこで何をしているかを知られることなく生活をしたいと思っているのならば、もう少し大きな町を赴任地として選んだほうがいいかもしれません。

第3章 同僚との出会い

職員室でのコーヒータイム

新人として

生徒と保護者との出会いのほかに忘れてはならないのが同僚との出会いです。あなたは、新しい同僚や職場のコミュニティに慣れなければならないのですが、これには長い時間がかかるでしょう。学期の初め、たしかに先輩の教師たちは忙しいのですが、だからといってあなたのことを気にかけていないということではありません。むしろ、彼らはあなたに大いなる期待をもっています。

学校というところは、新しい考え方や創造力、そしてアイデアを歓迎するところであると同時に、伝統やルールに対して敬意を表することも要求されるところです。あなたは、新しい考え方と伝統の狭間でバランスを見つけていかなければなりません。しかも、その葛藤のなかでやる気や喜びを失ってはなりませんので、大変な忍耐力と勇気が必要となります。

中学校の校舎

管理職との出会い

初めて会う日

学校で初めて出会う人は、おそらく校長や副校長といった管理職の人々でしょう。校長は雇用者であるコミューネ（市）の代理人であり、学校におけるすべての活動に対して責任を負っています。つまり、学校の活動が国の決めたカリキュラムや予算に沿っているかを見ているのです。

校長は、あなたに一日のうちの特定の仕事時間を割り当てています。言い換えれば、コミューネは「あなたの時間を買っている」わけです。校長は教師の代表ではなく、コミューネ当局の代理人なのです。校長自身が個人的にある政策に賛同していなくても、その政策の実施については責任を負っています。そしてあなたは、それらの決定事項やアイデアを実践に移すという役割を

校長先生の部屋

担っているのです。

副校長も管理職で、校長と役割を分担しています。彼らがあなたを歓迎してくれ、学校や仕事についての必要な情報を早く提供してくれるといいですね。

もし、勤務が決まった学校から連絡が来なかったら、あなたからすぐに連絡をとって勤務する意志を伝えましょう。また、電話でも多くの情報を得ることができますが、直接学校に行って管理職の人と面談することをすすめます。同僚になる教師や生徒たちとも会えるかもしれませんし、そのほうがお互いにとっても得策です。

管理職に会いに行く前に、質問事項を書き出しておきましょう。自分のやる仕事について何か特別に期待されていることがあるのか、誰とどのようにチームワークを組むことになるのか、などです。また、時間割や生徒のリスト、そして教科書のサンプルがあればもらってきましょう。そうすれば、生徒と顔を合わせる前にかなりの準備ができます。教科を教えることに対する自信は、いつでも安心感を与えてくれます。

生徒とクラスについての知識も、徐々に仕事像を明らかにしていくうえにおいて重要なことです。管理職に、特別な配慮を必要としている生徒がいるかを聞いておきましょう。また、担任になったら、「個別教育計画[1]（ＩＯＰ）」を有する生徒の報告書や申請書を見ることにもなります。こうした書類は極秘情報なので、どのように保管して対応したらよいかをきちんと確認しておきましょう。

前年度にどのような教科内容を学習したかという記録がすべて残っているとはかぎりませんが、前の担任教師や同じ学年を担当したことのある教師の年間計画が見せてもらえるかどうかを聞いてみましょう。もし、手に入るようだったらそれはとても大きな助けとなります。

さらに、校則や教師たちの授業企画・活動日[2]、アクティビティの日、試験日、保護者会の日やそれ以外の重要なイベントについての年間計画を確認しましょう。できるだけ多くのことを知っておいたほうがいいのです。学校によっては、新任教師のために仕事分担や会議の要領などが書かれた文書を用意してくれるところもあります。わからなくなったとき、自分で探せるように文書があると便利です。同僚の名前と連絡先リスト、そして欠勤や代理教師を頼むときの手続きなどは新任であるあなたにとってとくに重要なものです。

もし、早めに学校と連絡をとることができれば、新学期前の授業企画会議に参加させてもらえ

(1)（Individuell Opplæringsplan：IOP）特殊教育が必要と判断された生徒のために、教師と教育・心理相談所（PPT）によって特別に作成される教育計画である。生徒の通うクラスの教育計画と照らし合わせながら、本人の能力やニーズに合わせた教育の目的、内容、方法が明記される。

(2)（Planleggingsdag）生徒の授業日数以外に、教師の活動日として年に五日間充てられている。通常、長期休暇の前後に設定されており、教師は授業計画、協働プロジェクト、評価活動、研修などの能力開発を行う。

るかもしれません。幸いにもそうしたオファーを受けたらぜひ参加しましょう。もちろん、何の貢献もできないという無力感を感じることになるでしょうが、参加することによって同僚や学校環境に慣れることができるのです。

また、初めて学校を訪れたときに校内を案内してもらえるでしょう。そのとき、自分の机はどこか、学校の鍵はいつの段階でもらえるのかなどもきちんと確認しましょう。

組織としての学校

さて、管理職に会って必要だと思われる情報を十分得たと感じたら、次の段階に移りましょう。次にやるべきことは、生徒に会うためにしっかり準備をすることです。あなたは、自分が働く学校に対してポジティブな影響力

教師一人ひとりの作業机

をもつべきです。そして、その際に最優先されるのが生徒だということを忘れないでください。ただ、多くの教師たちが、職員室での生活は教室での生活と同じくらい大変だと感じていることも事実です。

初めて働くあなたにとって、「上司をもつ」という経験はこれまでになかったことでしょう。上司は、あなたよりも絶対的に権威があります。うまくやっていくためには、同僚の教師とも、管理職とも、適切な関係を築く術《すべ》が必要となります。そのためにも、学校を組織として見ることが重要になってきます。上から決め付けられることが嫌いな人や、逆に民主的な決定過程を忍耐強く待つことができない人は、どちらも問題を抱えることになります。

私たちは、何がよい学校かを述べることはできませんが、何かがうまく進んでいないときの感覚はわかります。今日の学校は常に新しい課題を与え続けられているので、管理職は大変な状況にあります。もちろん、根本的には対話こそが物事を進めるうえで重要ですが、ときに、校長が決定したことに従うことも大事です。これは、学校における「決定への参加に関する規約(3)」にもあることですし、いつも賛同するわけにはいかなくても、校長の決めたことを教師が誠実に守るということは求められるべきことです。

---

(3)　(Medbestemmelsesavtale) 国と教員組合との間で結ばれている規約で、学校運営のために教師が公式に意見を述べたり影響力をもつことを保証する。

私たちがなぜこの点を強調したいかというと、これまでに、こうした責任の分担を認識していなかったがために不必要な誤解や対立が生まれるのを目の当たりにしてきたからです。一例として、担任教師であるトムの話をしましょう。

トムのクラスの保護者たちは、次年度から担任の教師が代わるということを告げられました。保護者たちは怒りました。というのも、トムはとても人気があり、ほとんどの保護者が満足していたのです。それに、新しい担任は大学を卒業したばかりの若い女性だということで、保護者たちは管理職の決定が理解できませんでした。

こうした反応は予測がついたことですし、保護者が担任の教師に満足しているということはうれしいことです。しかし、それでも校長は学校全体を見わたして担任交代の決断をしなければならなかったのです。またこのとき校長は、個人的な事情への配慮からその背景を詳しく説明することができませんでした。

問題を大きくしたのはトムの態度でした。トムは保護者たちに、「校長の決定は自分の意志に反する」とはっきりと伝えてしまったのです。しかも彼は、「もし、この決定が実行に移されるのであれば休職する」とまで発言してしまいました。

トムが、がっかりして不満だったことは理解できます。しかし、管理職にとっては彼の発言は容認できるものではありません。トムは、雇用者と被雇用者の関係をわかっていなかったのです。

　とはいえ、校長が教師たちの出すシグナルを真剣に受け止めるアンテナをもっていることも必要です。校長は能力と才能を配慮したうえで仕事を割り振らなければなりませんし、すべての教師が楽しんで挑戦でき、しかも生徒のためになるような仕事を与えるべきです。それに、管理職が個々の教師の資質を配慮しなければ葛藤と対立が生まれることになります。状況によって、時間割上で何が優先されるかが変わってきますので、管理職は多くの調整を強いられることになります。すべての職場と同様、校長と教師にもギブ・アンド・テイクが必要だということです。

　時間割は、単純に「数学的」に配分されて決まるわけではありません。多くの技術的な、あるいは人材面での制約が生じます。たとえば、個々の教科はそれぞれ異なった時間数を割り当てられていますし、教室の数にはかぎりがあります。そして、フルタイムではない教員の数や特別な支援を必要とする生徒のことも考えなければなりません。学校のことをまだあまり知らない外部の者がすべての要因を理解することは難しいと思いますが、希望がすべて通るわけでもないということも知っておかなければなりません。

　ところで、生徒への配慮が一番重要とは言いましたが、教師に対する配慮も必要です。ですから、あなたにとって重要な制約ははっきりと伝えておかなければなりません。塩素の入ったプールで泳ぐことができないのであれば、水泳の時間の責任者にはなれません。また、人生における難しい時期にさしかかっているのであれば、それについての理解と配慮も必要となります。もし、あなたがこうした状況に当てはまるのであれば、なるべく早いうちに管理職にそのことを伝えてください。

とはいえ、何が重要な制約に当たるのかはきちんと考えてください。ある教師が校長のところに行って、「家で一匹になってしまう犬の面倒を見なければならないので、犬用の小部屋がほしい」と真剣に言うのはどうでしょうか？　校長は、少しびっくりするでしょうね。逆に、教えるには資質が十分にない教科があれば、それは当然伝えてもよいことになります。生徒よりも一ページ分ほどしか学習が進んでいない英語教師や、水恐怖症の水泳教師というのは生徒にとってもよくありませんから。

英語の時間（5年生）。教師が回って生徒を助けます。ノルウェーでは英語を1年生から学びます。

全体像を見わたせるように、管理職が時間割をつくる学校もあります。一方、管理職が枠組みと指針だけをつくって、あとは教師に任せるという学校もあります。こうしたプロセスの違いはありますが、目標を達成するために管理職と教師がよい対話とチームワークをつくることは重要です。

以前は、すべての教師が参加する教師協議会(4)の場で決定がなされるというのが伝統となっていました。しかし、現在では代表制のシステムに代わっています。となると、管理職以外で頼りにできる人は教員組合の代表ということになります。ほとんどの教師は教員組合のメンバーになり、代表を通してそれぞれの影響力を行使できます。もし、あなたが不幸にも管理職に悩まされているのであれば組合代表の教師に相談してください。ほとんどの問題は、あなた自身か組合の代表が校長と話し合うことによって解決されるでしょう。もちろん、問題を次の段階にまで引き上げることもできますが、それは珍しいケースです。

学校における「決定への参加に関する規約」は、雇用者と被雇用者が共同で問題解決を行う過程を規定しています。組合の代表は、管理職から必要な情報を得て組合会議で取り上げます。複数の組合が並存する職場もあるでしょう。それらの代表は校長との会議に出席し、情報を得たり

(4)（Lærerråd）一九九三年まで校長とすべての教師が参加する義務のあった協議会。一九九三年以降は、教師は学校協議会の代表や教員組合を通して意見や影響力を行使するようになった。

論点を抽出したりします。情報開示の義務は双方にあります。また、良好な労働環境に対する責任も双方に同じだけあるということを忘れてはいけません。

以前の学校では、校長は同列に並んだ教師のなかの一人という水平な構造がありました。教師はそれぞれの教室において私的かつ個別に実践をしていましたし、生徒や保護者の反応に関する管理やチェックもありませんでした。こうした時代の教師のほうが楽だったという意見もあるでしょう。つまり、以前はすべてのことが教師協議会で取り上げられ、民主主義の度合いが高かった、と。

私たちは、こうした時代が終わったことをうれしく思っています。このような会議は、ほとんどの場合建設的ではありませんでした。要するに、大勢の前で話すことに喜びを感じる人のはけ口になっていただけなのです。

近年、校長の役割と決定権がより大きく明確になってきています。副校長も管理職と定義されていますが、校長と副校長の関係は学校によって異なっており、管理職チームとして協働していることもあれば、役割分担がきちんとなされているところもあります。新任としてのあなたは、それを確認しておく必要があります。初日から生徒や保護者に何かを聞かれることもありますから、自分がある課題についてどの管理職の意向に従っているのか、立場を認識しておくことが必要なのです。

管理職には、教師とは別の役割があります。彼らは、教師たちがよい学校をつくるための条件と環境を整備してくれているのです。組織としての能力のあるなしは、難しい時期を乗り越えられるかどうかにかかっています。教師は、管理職が物事を決めるという事態を容認しなければなりませんし、管理職はいつも誰からも好かれるわけではないという事態に耐えなければならないのです。

教師にさまざまなタイプがいるように、管理職にもさまざまなタイプがいます。なかには、とても管理されたくないようなひどい管理職もいます。現に私たちも、若いときに「絶望的な管理職」に出会った経験があります。そういった類の管理職が少なくなってきていることを願います。

幸いにも、現在では校長自身が教師教育を受けてきた人たちです。したがって、教室との接点を大事にする校長もたくさんいます。それに加えて、会議をきちんと運営し、よい聴き手となってくれる校長に出会えればラッキーだと思ってください。校長は民主的な考え方をもっていなければならないのですが、ときには嫌われ役も買って出なければならないという職種なのです。

今日では、管理職にこれまでより大きな役割が課せられるようになりました。しかし、このことが校長を校長室に閉じ込め、学校における日常生活との接点を奪ってしまったとしたらとても残念なことです。

よい学校の条件整備をするには、校長がまず教師一人ひとりにとって近い存在であること、そしてすぐに声をかけられる存在であることが必要です。校長は、教科の内容についても常にアップデートしており教師に与えるものがある、学校組織についてあなたよりもよく知っていて信頼できる、そしてあなたにとって必要なフォローアップを責任もってやってくれて、生徒や保護者、そして同僚との関係においても指導やサポートをしてくれる、というのが理想です。

たとえばあなたが、「同僚がチームワークのルールを破っている」と感じたら、おそれることなく校長に相談できる環境があるべきです。具体的な解決方法を求めるのは難しいかもしれませんが、聞いてもらうことはできます。同僚が悪いのでしょうか、それとも自分が間違ったことをしたのでしょうか。もし、後者だった場合、校長からきちんと指摘してもらいましょう。直接言ってもらうことは重要なことです。というのも、当事者であるあなたよりも先に別の人に話していたら信頼を裏切ることになるからです。

学校での仕事がはじまったら、あなたは教育学的な議論と日常の細々とした問題との間を行き来しなければならないと感じるでしょう。これは当然のことです。学校の日常は、実際、矛盾と葛藤だらけなのです。こうしたとまどいについても、管理職はあなたを助ける役割を担っているのです。ですから、質問することをおそれないでください！　新任教師から、よい質問やするどい質問が出るのはうれしいものです。あなたのもっているかぎりの知識と熱意を示しましょう。管理職の仕事というのは、あなたのために仕事の環境と条件整備をすることなのですから。

教師たちとの出会い

第一印象

同僚との出会い、それはさまざまな経験、態度、そして価値観との出合いとなります。教師というのは概してよく働き、高い労働モラルと強い熱意をもった職業集団です。プライベートで家族といっしょに森に出かけていっても、図工の教材になりそうなものを持ち帰らないと気がすまないといった教師がよくいます。

しかし、もちろん変革や協働に対するモチベーションは人によって違います。教員養成カレッジや大学と比べて熱心さの少ない環境だ、と感じてめげることになるかもしれません。たとえば、九年生の担任であるエリノア先生は、夏休み明けの最初の授業のあとで、いじめについての興味深いプロジェクトについてではなく、新しいボーイフレンドといっしょにつくった桃のジャムについて熱心に語るかもしれません。でも、ショックを受けてはいけません。そういうものなのです。

職員室は、たくさんの素敵な人と出会える場所です。そのうち、かけがえのない親友ができるかもしれません。彼らは、人とかかわる仕事を選んで、その仕事を楽しもうとしています。子どもに文化を伝承するという重要な大人の役割を担い、子どもの自意識の発達の場に寄り添おうとしているのです。

教師は、自らの能力をさまざまな形で仕事に活かすことができます。こうした職業であるからこそ、ケアをもち、生徒のために力を注ぎ、ほかの大人と協働します。彼らは社会の動きに関心することに長《た》けていたり、親しみをもって接してくれる人間にたくさん出会えます。また、学校生活をともにするなかで教師はお互いをよりよく知っていくことになります。

さて、同僚との出会いにおいては、よい第一印象を与えることが大事です。もちろん、最初の何か月かは遅刻しないように気をつけてください。時間的な制約があまりない学生生活に比べると大きな変化かもしれませんが、同僚が必ずしもあなたと同じ人生の段階にいるわけではないことを忘れないでください。

おじいちゃん世代の教師は、子どもの夜泣きで眠れないという理由で木曜日の朝のチーム会議に遅れたあなたの言い分を認めてくれないかもしれません。彼らだって、若いころは同じぐらい眠れない日々を過ごしたのです。言うまでもなく、翌週の木曜日の朝には歯医者の予約を入れてしまった、ということがないようにしましょう。

仕事環境を楽しくするためには、あなたも同僚もお互いに一役買っています。同僚の先生たちは、あなたがきちんと会議に参加し、与えられた課題を遂行することを期待しているのです。課題をちゃんとこなし、義務をきちんと遂行しなければなりません。さらに、職員室に少しばかりの笑いとポジティブさをふりまくことができれば言うことなしです。

次に、今、未知なる川に泳ぎ出す状態のあなたが何とか軌道に乗れるように、あなたが出会うであろうさまざまな教師のタイプについて予習してみましょう。もちろん、これから描く教師とそっくりな教師なんていません。しかし、とてもよく似ている人はいますし、私たち自身のなかにもこのようなタイプの人格が住んでいるとも言えます。どのような状況に立たされるかによって、私たちは「散らかし屋」とか「頑固者」とか「成功者」とか呼ばれるのです。

あなたが出会う教師のタイプ

❶自己中心的で熱心なタイプ——自分自身の成功体験について声高に語る教師を見分けるのは、そう難しいことではありません。彼女は、生徒たちが森のなかの道を一列にきちんと並んで歩くことに価値を置いており、彼女の図工の時間に仕上がる素晴らしい作品を見せることに重きを置いています。彼女は自分のことを常に気にしており、周りからの褒め言葉を待っています。また彼女は、みんなで決めたこととは違う自分のやり方を押し通すこともあるでしょう。このような教師でも、腕はいい場合が多いのです。

彼女は、生徒と教室を自分が所有しているという感覚をもっています。そのため、休み時間の

左「よい学習のレシピ」
右「ノルウェー語の作文で成功するには ―― グッド・ラック！」

校庭の見回りから戻ってくるなり、ほかのクラスの生徒についてあれこれとうるさく言います。「あなたの」生徒は出入り禁止の場所にこっそり入ろうとしていましたよ！「私の」生徒は、どこが入ってよい場所で、どこが禁止なのかということをちゃんと知っていますよ！

どうやら、彼女はコントロールをすることが好きなようです。

しかし、支配的であると同時に、彼女は創造的でもあり、教室で何が重要かについてきちんと語ることもできます。彼女からは、たくさんのよいアイデアを盗むことができるのです。会話をする際には、彼女の悪い面は見逃して彼女の熱意から学ぶとよいでしょう。とはいえ、問題状況に陥ったり、サポートが必要なときに頼る相手ではないかもしれません。このような教師は、大概、自分の行動と自分の生徒に関してだけ腕がいいのです。

❷ゆるく楽しみたいタイプ――このタイプの教師は、お金を稼ぐためか、暇つぶしのために学校に行っており、まあまあ面白い人です。社交性に富み、親近感があり、まあ簡単に言えば誰も彼に対して悪口を言わないようないい人です。授業に関しては、これからも今まで通りやっていけばよいと思っており、空き時間ができれば歌の一つや昔話を挟めばよいと思っています。

生徒も、初めのうちはそれでよいと思うわけですが、そのうち彼らも保護者も少し懐疑的になっていきます。生徒としては、しばしば目標のはっきりしない課題を与えられて困惑しているのです。このような教師は、「学校は、いるだけではなく学ぶ場である」ということをすっかり忘れています。

この教師が教えるクラスでは、間違いなく規律と敬意の欠如という問題が生じます。でも、彼に言わせれば、世界は笑顔で接していれば大丈夫なのです。たとえば、職員室で争いごとが起きそうになったら、彼はギターを取り出して弾くという解決法をとります。あるいは、「パーティーをしよう」と提案するかもしれません。

彼は、本気で何かに挑戦したいという思いはもっていません。他人、とくに管理職が決定したことについてあれこれと批判することはあるのですが、自分がもっている困難について考えるということはありません。もし誰かが、彼の授業のあとの教室はひどく散らかっていたとか、明日は自転車で遠足に行くということを生徒に伝えるのを忘れていますよと指摘したら、彼はその人に対して「頭が固いなあ」と言うでしょう。

このような人は、きちんとした教師と対立することになります。整理整頓やまとめができる人と、彼のように直感や本能で行動する人とは相容れないからです。でも、彼のようなゆるい人はたいていの場合親しみやすく社交的なので、お祭りやイベントのときには必ず一役買ってくれます。なぜなら、彼のモットーは「学校ではもっと踊るべきだ！」なのですから。

MORTEN ØSTENSTAD ·98

❸頑固で議論好きなタイプ——このタイプの教師は、いろいろな機能を果たしています。たいていの場合、自覚がないままブレーキをかけるという役割を果たしていることが多いと言えます。それは、自信のなさや他人の可能性を摘んでしまいがちな性格によるものです。

　このタイプの教師のなかには、小さな葛藤や対立を明らかに楽しんでいる人もいます。そういった事態に出くわすと、妙に生き生きとするのです。彼らは正式な議論の場では何も言いませんが、会議が終わったあとで授業に向かう同僚をつかまえては本当のことを話したがるのです。会議中には、誰かが話しているときに隣に座った同僚に向かってこそコメントを言うのを好みます。彼らの言い分は、「これまでに試したすべてのことは絶望的な結果に終わった！」ということです。

　この種の人たちは、とかく権利については詳しいのですが義務についてはあまり配慮がありません。こうして同僚間に不安をまきちらし、いつのまにか非公式なリーダー格になっていることもあります。

　スーパーのレジに並んでいるときなどに、いかに多くの作文を週末に採点したかということを話題にしたがります。そして、教師の給料は安いのだから生徒にも最小限のことしか与えられないのだと、言います。弁護士の知り合いが多く、権利についての感覚は研ぎすまされています。自分はほかの人々の代弁者になるにふさわしい、と信じてさえいるのです。でも、気をつけてください！　そういう人は、たいてい自分の利益のことしか考えていませんから。

頑固な人のなかには、ブレーキをかけるだけでなく、ほかの人たちが細心の注意を払わなければならない面倒な関係を強いる人もいます。たとえば、トリーネ先生がベビーシッターが来ないせいで毎日一〇時前には学校に来れないことは「みんな」が知らされています。しかも、トリーネ先生は車をもっていないし、お母さんは病気、挙げ句の果てにはネコも最近元気がないときています。「かわいそうなトリーネ先生！」と、みんなが「一応」同情させられているのです。

❹静かな順応タイプ——このタイプの教師は、静かで、議論で取り上げられたことに一見関心がないかのように見えます。彼女が議論に参加しないのは、「何も言うことがないから」であったり、ほかの人のほうが上手に説明をしてしまうからです。このような教師は、騒ぎを起こさず静かに仕事をし、イベントの中心にいることを好みません。彼女のことをつまらないと思う人もいるでしょうが、彼女がいることで職場の安心感と安定感が保たれているとも言えます。

それ以外にも、人が決めたことにきちんと従い、支え役にも回るので、共同体に忠実であるとも言えます。経験も積んでいるので、どのようなことが実践で機能するかを知っています。二年生にはこの罫線のノートが適しているとか、食事の前に「いただきます」のお祈りをすると食事中が静かになる、ということを知っているのです。

彼女は信頼できます。来週の火曜日をスキーの日にすると言えばきちんと計画をこなすのです。しかし彼女から、「そりすべりの競争をしましょう」といった提案や新しいプロジェクトのアイデアが出ることは期待できません。そのため、このタイプの教師が多い学校は、結局、なかなか発展していかないでしょう。

あなたの役割を見つけよう

さて、どうでしたか？　今描いた教師像は、ごく普通の生活のなかで出会う人々と同じであると思いましたか？　その通りなのです。しかし、学校には特別な前提があります。それは、よい実践をするためには立場をある程度共有していることが必要だということです。教師たちを見わたせばすぐに、すべてのことについて意見が一致するということは不可能だと気づくでしょう。それは、期待すべきことでもありません。

学校の日常は矛盾や葛藤だらけで、決まった答えなどはありません。よい環境というのは、教師が協働し、なおかつ個人のよさが維持されたときに初めて築くことができます。

あなたは、チームにおける多様性こそがよいアイデアをつくるのだ、という認識をもっていますか？　それはよい出発点となります。一人の教師がアイデアマンで、別の教師が生徒のグループ学習を支えることに長《た》けているというチームは、とても強いのです。北欧神話について語るのが上手な教師には、オーディン[5]がオースガルドに座って世界を見わたしていた情景を生き生きと伝えてもらいましょう。なぜなら、彼ほど上手な教師はいないのですから。

そのとき、ほかの教師は別の役割を果たせばいいわけです。なお、教科の内容についてもお互いが補完しあえるチーム構成になっていることが理想ですが、現実にはそうなかなかうまくはいきません。

ぴったりと息の合うパートナーと協働するのがいつも可能なわけではありません。むしろ、さまざまなタイプの人間がいるチームで働くことになるという心づもりをしておいてください。あなたたちは、生徒にとってのよい環境を共同でつくらなければならないので

（5）オーディン（Odin）は、北欧神話のなかでもっとも力をもつ神である。オースガルド（Åsgard）は北欧神話に出てくる地名。

協働する教師たち

す。このとき、多様性こそが強みであると実感できるようになるまでが大変だと思います。あなたは、多様であるということに可能性を見いだす大いなる挑戦に立ち向かわなければならないのです。このことは、しばしば自分自身の態度を見つめ直すことにつながります。

もし、協働が負担になるうえに生徒にとってもためにならないと感じたときは管理職に相談してください。あなたが置かれた状況を問題としてきちんと取り上げなければ他人の実践を変えることはできないのです。

重要なのは、一番効果的な方法を見つけることです。たとえば、ある同僚の授業で生徒が騒ぐのは、生徒が授業をつまらないと思っているからだ、ということを当の同僚にどのように伝えたら効果的でしょうか？　そのクラスを自分が教えているときに、教室のうしろで観察してみてほしいと提案できますか？　ときに、自分が何をしなければならないかは、一見すればすぐにわかることもあるのです。

協働しているパートナーがなかなか変わってくれないのであれば、あなた自身の態度を変えることでうまくいくこともあります。そして、そのあとで管理職と相談すればよいのです。これは、雇用者に要求として伝えてもいいことです。あなたは、新人として尊重される権利をもっているのですから。

経験の豊かな教師ほど、決してよい行いでないことでも慣れてしまうことがあります。たとえば、校庭で雪合戦がはじまっても、背中を向けて見ないふりをする教師がいます。雪合戦を禁止するという決まりが学校にある場合は、あなたが生徒に注意したときに同僚もいっしょに注意しなければなりません。いつもジャージ姿でかっこいい体育教師のシェルが、あなたの肩を叩いて「まあ、落ち着きなって。生徒たちも、春が来たら雪合戦をやめるからさ」と言ったとしたら、シェルが不誠実なのであって、あなたがかたぶつなのではないのです。シェルのようなタイプの教師に悩まされないことを願います。

　生徒たちは、一貫性のある成熟した大人の評価を教師に期待します。つまり、よい大人のモデルを必要としているのです。もちろん、あなたがルールをきちんと守ることは重要ですが、ルールに縛られすぎて「頭を使う」ことを忘れてもいけません。

　教師の多くは、自らが生徒のときに学校にうまく順応していた人たちです。彼らは、そうした学校システムへの適応を教師になっても続けています。ルールが大好きで、コーヒーの入れ方からハサミの使い方に至るまでマニュアルをつくってしまうわけです。多くの人は批判的な質問をしないし、新しいことや違うことを考えている同僚に対して必ずしも理解を示してくれません。彼らは、カリキュラムや計画をそう簡単には変えられないと思っているのです。

　しかし、今日の学校では教師に柔軟さが要求されています。あなたは、突然即興で授業をやらなければならないかもしれないし、予想もしなかった事態における子どもや大人の反応に対処し、乗り越えていかなければならないのです。

レイドゥン先生とオッド先生の例を見てみましょう。あるとき二人の勤める学校で、病気で休んだ教師がいたためにサポート教師が不足するという事態が起こりました。

レイドゥン先生は、数学の時間にサポート教師が来てくれないという事態にとても困惑しました。サポート教師は、通常、新しい単元に入るときなどに理解の遅い生徒を助ける役割を果たします。レイドゥン先生は、サポート教師が来てくれないことで自分の負担が増大したと感じ、「仕事ができない」と文句を言うことに時間を割きました。

しかし、オッド先生はこの状況に対してポジティブに対応しました。彼は、サポート教師のいない間、理解の遅い生徒が通常の授業でどのような活動をするのかを観察することにしたのです。つまり彼は、保護者会に向けて、この機会に必要な情報を集めることにしたのです。この対応は、生徒にとっても学校にとってもよい影響をもたらしたと言えます。

毎日、あなたの思うように事は進んでいきません。これが、教師という仕事の素敵なところで

数学の授業（5年生）

あるとも言えます。なぜなら、退屈な日やルーティン化された日が一日としてないからです。あなたは、目的と内容をきちんと定めた計画を準備しなければならないのと同時に、予想しなかったことに対して瞬時に対応しなければなりません。このバランス感覚を体得するためには、柔軟性とチームワーク力が求められます。

病気が蔓延しているときは、一日に二つのクラスを同時に受けもたなければならないこともありますし、演劇の練習をしていて氷に頭をぶつけて額を切ってしまったシャーロッテを病院に連れていかなければならず、自分のクラスを別の教師に託すこともあるでしょう。毎日が、こんな感じで進んでいくのです。

また、予定していた数学の単元を終えられなかったということもしばしばあるでしょう。あるいは、エスペンの父親が夜遅くに怒って電話してくることも考えられます。というのも、あなたはまだ教えていなかった単元の問題を間違って宿題に出してしまったのです。「エスペン・アンドレアス（これが、彼の正式なファーストネームでした）は、掛け算の式の意味がわからなくて泣いているところだ」と、父親が怒鳴ってきました。そう、あなたは生きた人間を相手にしているのです。ですから、こういうことは起こって当たり前なのです。

教師は、さまざまな予想外の出来事に多様に反応していくことになります。この過程で、誤解や矛盾が生じるのは避けられないことです。もしあなたが、学校というところでは人間的な間違いが多々生じるのだが、まさに、それがゆえに活力が生まれるのだと感じることができれば、教師としてよい出発点に立っていると言えます。

誰と協働するか

誰と協働するかというのは重要なことですが、これはあなたが決めることではありません。ただし、決められたパートナー以外にも、好んでかかわりたい同僚を自分で選ぶことはできます。あなた自身が得るものがあるか、また生徒のために得るものがあるか、いろいろな可能性をポジティブに考えましょう！

そして、環境に対してネガティブな影響力をもっている人について悩む時間を減らし、そのような人たち以外の人を見るようにしましょう。あなたは、ポジティブで、生徒のことを一番に考える素晴らしい教師たちのグループを発見することになるでしょう。彼らは、できるかぎり最高の授業を同僚とともにつくっていきたいと考えているのです。

仕事の質を向上させるための協働を実現するにはどうしたらよいでしょうか。私たちは、まずあなた自身の授業に集中することをおすすめします。そして、教室内の実践を基盤として同僚に協働を呼びかけるのです。まず、同じ学年や同じ教科を教えている教師に声をかけてみましょう。

職員室にいるときは、教育的な実践についてほかの教師とたくさん語り合ってください。「理科・社会で、よいワークブックはどれだと思いますか？」とか「去年はどのようにして分数を導入しましたか？」などです。教師は、たいてい自らの経験について話すことが好きですし、こうした話を通して彼ら自身のことや彼らの実践のことをよりよく知ることができます。また、あなた自身が今後どのようにすればよいかを判断するための基盤をつくることもできます。

一般的には、教師は自分が行ってきた教育活動を理論的に根拠づけることは苦手なようです。しかし、多くの教師は教室でどうすれば上手くいくかということをよく知っています。つまり、彼らは、規律と見通しがよく行き届いた教室をつくるにはどうしたらよいかということをよく知っているのです。ですから、あなたの行う活動について、同僚や管理職からフィードバックをもらってください。

もし、あなたが働く学校が小規模であれば（あるいは、それ以外の理由でも）ほかの学校の教師と連絡をとることも可能です。コミューネ（市）によっては、教師のための教育的なメンタリングを、学年・教科ごとに複数の学校の教師を集めて実施しています。このような機会が、あなたの働いている地域でもあるのかを調べてみましょう。

教師のためのメンタリング

「メンタリング」とは、学校のなかで起こるフォーマルおよびインフォーマルなアドバイス活動です。教師が日常的に大小さまざまな出来事について話すことがメンタリングとして機能していることもあります。これによって、有意義なアドバイスを得ることができるでしょう。しかし、よく言われるように、「ある教師は二〇年間の経験がある一方で、別の教師は一年の経験が二〇回ある」のです。すなわち、同じ二〇年の教師経験があっても、一方は同じことを二〇回繰り返しているだけで成長していないということです。

インフォーマルなメンタリングの短所は、偶然性に依拠しているということです。システマティックではないし義務的でもないのです。しばしば、自画自賛や、自分はこのままでよいのだという確認で終わってしまいます。私たちの知っている多くの教師は新しい目標に向かって背伸びをすることが好きですし、新しい方法やアイデアを試すことにもポジティブです。しかし、インフォーマルなメンタリングには本来メンタリングがもつべきよい効果は望めないのです。そうしたメンタリングは、十分なリフレクションの機会を必ずしも与えないからです。

そのため、いくつかの学校ではシステマティックなメンタリングが導入されています。たとえば、「同僚間のメンタリング」と言われるものです。「同僚間のメンタリング」では、すべての参加者が事前にメンタリングの手法についての知識を与えられます。ここでは、すべての参加者が安心して積極的に参加することが求められます。もし、あなたの勤める学校で「同僚間のメンタリング」が導入されていたらきっと有意義な活動だと実感すると思います。

コラム　教師のためのメンタリング

メンタリング（Veiledning）とは、一方的な講義形式ではなく、対話を用いて学習者の発達を援助する指導形態のことである。教師教育におけるメンタリングは、教育実習生の指導や新任教師・現職教師の力量開発の場で用いられる。

ノルウェーでは、1980年代に提唱された「反省的メンタリング（reflekterende veiledning）」がメンタリングの一手法として普及している。これは、教育実習であれば実習生が書いた授業計画をもとに事前メンタリング、授業後に事後メンタリングを行うというものである。その際、メンターである教師は一方的に自分の考えやアドバイスを伝えるのではなく、実習生本人の授業行為の背景にある考えや価値観を、ともに明らかにしていくような働きかけをしなければならない。自分自身の考えや価値観に対する自覚を、教師としての発達の基盤とするのである。これは、教師のリフレクション（省察）を中心に据えるモデルとして普及した。

本書で言うメンタリングは、先輩教師や管理職による助言やフォローアップなどを含む、より広い意味でとらえられている。近年では、メンタリングについて専門的に学べるコースが大学・カレッジに設置されるなど、メンタリングはますます重視されているようだ。

メンタリングを受ける教育実習生

定期的なメンタリングは、これ以外の方法でも行われます。校長がメンターの役割を担っていることもありますし、同僚同士でペアが組まれて、お互いの授業を見てフィードバックをするということもあります。また、大きな学校の場合は、新任教師一人につき一人のメンターをつけるという方法をとっているかもしれません。いずれにせよ、このような機会が学校側から提供されなくても、最初から何らかの形で仕事をフォローアップしてもらえるようにお願いしましょう。

残念ながら、いくつかの学校では仕事が安定してくるまで新任教師を「放っておく」という伝統があります。しかし、安心感が出てきてからでは遅いのです。最初にする経験が、のちのちの成長と発展にとって重要になるからです。しかも、学校は常に生徒のニーズを中心に置いていなければなりません。あなたは、生徒ができるだけ多くのことを学べるようにする責任を負っているのです。学校があなたのことを「放って」おき、コントロールやメンタリングを怠ったとしたら、学校は生徒やあなたに対して責任を果たしていないことになります。

どのような形であっても、新しい課題を遂行する際にはメンタリングを受けるべきです。たとえば、最初の保護者会、保護者面談、一年生の担任としての初日などについては、経験ある人と事前に議論をしておくことが不可欠となります。

ところで、経験のある教師の多くは自分の実践をあたかも唯一の真実であるかのように話しますが、もちろんそれは間違っています。彼らは、自分たちの行っている実践にあまりにも密接にかかわっているだけのことです。それはそれで素晴らしいことです！　しかし、たとえば「学校の初日は絶対に赤いドレスが適切だ」と言い張る教師がいるかもしれません。「赤いドレスは鮮やかなイメージを与えるから」だそうです。

このようなアドバイスをもらったら、とりあえず聞いておきましょう。ただし、選択はあなたがしてよいのです。一年生に花を一本ずつ配るというイベントが古風だと思ったなら、何か別のアイデアを考え出してもよいのです。自分が何をしたいかということを常に考えてみてください。

誰といつどこで話したらよいか

あなたが選んだこの職業では、状況に応じて判断する能力が求められます。これから、状況を正しく認識しているのか、生徒や保護者に対して十分な対応をしたのかなど、しばしば自問することになるでしょう。そして、事あるごとにアドバイスやメンタリングを必要とすることにもなります。あなたのもっている「人の話を聴く能力」はとても役に立ちます。その一方で、ときには問題をやり過ごしたり距離を置くことも必要です。あなたのとった行動が適切だったかどうかを吟味したい場合や、問題について話して整理したいと感じた場合は、管理職か信頼のおける同僚に相談しましょう。

忘れてならないことは、個人情報の守秘義務は職員室内でも適用されるということです。生徒や保護者は、保護され、正当に扱わなければなりません。自分の子どもがどのように言われたら嫌な気分になるかを想像してみてください。秘密の話は、しかるべき場所で関係者だけで行う必要があります。

もちろん、八年生のシャネットがあなたのことを「くそ野郎」と呼んだ直後に気持ちを抑えるのが難しいことはよくわかります。ましてや、次の会議のときまで我慢することは困難ですね。あなたは、「英語のノートを出すように」と言っただけなのに、なぜ八年生がこんなことを言うのかと腹を立てているわけですから。

しかし、ここで、職員室のほかの教師を巻き込まないための最大の自制心が必要となります。自制心は学ぶことができますし、学ばなければなりません。というのも、あなたにはシャネットの問題を職員室以外のところで扱う義務があるからです。シャネット本人と話し合う機会をもつか、必要であれば管理職、学校カウンセラー、保護者、あるいはその他の関係者と話す機会をもちましょう。学校によっては、生徒の規律に対処する仕方について独自のルールをつくっているところもあります。

とくに、一人で教室を受け持ち、長時間にわたって生徒といっしょにいる教師は、問題についてきちんと話す機会を必要とします。というのも、二人の担任を置いているところでは、生徒に対する態度や授業形態についてのフィードバックを常にお互いからもらうことができるからです。

生じた問題について、「寝かせておく」という訓練をすることも効果的です。また、極秘情報を自分自身の胸のなかにしまい込んでおくという訓練もしなければなりません。というのも、ときには、知りたくなかった事実に気づいてしまうこともあるからです。

たとえば、ネグレクトや虐待のような深刻な問題に当たってしまい、その対応についての助けがほしかったり、得られた情報の吟味が必要だと感じることもあるでしょう。そのときは校長に話しましょう。校長と話す前に、教育・心理相談所（ＰＰＴ）などの学校外の専門家に連絡することは絶対にやめましょう。このような場合、保護者に対する情報提供の義務や、手続きに関する報告義務が必ず学校において決められているからです。

特別なニーズがある子どもを担当している場合は、教育・心理相談所やその他の学校外の専門家からサポートを得ることができます。ただこの場合も、担当となった専門家の資質によって対応が大きく変わります。ときには、子どもの抱える問題が大きすぎて、学校も専門家も助けることができないことがあります。それでも生徒が学校に通っているときは、あなた一人で解決しようとして自分自身に多大なプレッシャーをかけないようにしましょう。

小さな地方の村では、プライベートな情報と仕事を混同してしまいがちです。教師として、公私の違いについてはきちんと認識しておかなければなりません。他人のプライベートな生活について、あなたが意見をすることはできないのです。

職員室には、教師以外のスタッフもたくさんいます。アシスタントの教師、学童スタッフ、事務員、管理人、掃除スタッフ、さらには歯科医や看護師がいっしょに食事をとっていることもありますし、保護者、教育・心理相談所のカウンセラーやそのほかの専門家が訪ねてくることもしばしばです。こうした人たちや、たまたま居合わせた代理教師なども、八年生のシャネットが前の時間に何をしたかについて知ってはならないのです。休み時間のおしゃべりと教育に関する議論を混ぜないように注意しましょう。

重要な専門的事項の議論は、できるだけ事前に話し合いの時間を取り決めて行いましょう。それは、学校内部の話し合いであっても同じです。こうすることで、参加者全員に準備する時間が与えられるのです。

ほとんどの学校は情報交換に関する手順や「会議のモデル」をつくっており、「この内容について話し合うときには、この会議形態が適切だ」といった共通認識ができあがっています。それゆえ、誰かが休み時間の見回りをしていた間に、あるいは教育・心理相談所と電話で話していた間に別の連絡が回っていたという事態は避けられるようになりました。少しフォーマルな形で話し合いをすることで、井戸端会議的なおしゃべりも避けられるのです。

会議の名称は多様です。たとえば、「チーム会議」と呼ばれるものの中身がどういうものかは学校やコミューネ（市）によって違います。もし、会議に召集されたら、それがどのようなものかを事前にきちんと確認しましょう。

多くの学校においては、毎週、情報交換のための会議を行ったり文書による連絡を行っています。そこでは、大小のイベントや重要な郵便、共通の連絡事項などが議題として挙がります。もし、このような会議に遅刻したら、重要なことを聞きのがす可能性があるので注意しましょう。それ以外にも、クラスのイベントや学習方法について話し合うクラス会議を定期的に行っている学校もあります。

学校の実践に関する長期的な計画や議論は、管理職や長期計画のために設置されたグループが主催する全体会議やチーム会議において決まります。事前に小グループで準備をすることもあり、そうすることによって、すべての教師に意見を述べる機会を与えています。

職員室での会議の様子

学校を向上させることについては、すべての教師が責任をもってかかわるべきなのです。

管理職は、あなたがきちんと情報をフォローしていることを前提としています。とくに、掲示板に書いてあることはすべての人が読んでいることが前提になっているので、しっかり読みましょう。そして、もし会議に出られなかったら、プリントで配られたものをあとできちんと読むようにしましょう。また、プリントに書いてあること以外の必要な情報も、自分できちんと集める必要があります。言うまでもなく、あなた一人のために誰も会議を再度行ってはくれないのです。

決められた活動は避けられない

チームの集まりや会議が有意義なものになるためにも、それぞれの参加者が会議の価値を認め、有意義なものであると感じる必要があります。

あるチーム会議は、イースターのニワトリのつくり方を習うのに有意義であるかもしれません。こうした実用的なことは軽視すべきではありませんが、もう少し長期的な視野に立ったことも考えておきましょう。なぜなら、プロフェッショナルな姿勢をもつ学校は、より長期的な視野をもって活動に取り組むべきだからです。ニワトリの飾りのパターンをできるだけ増やそうというような、短期的な展望だけではだめなのです。

もし、管理職や同僚の大半が「クリスマス工房」というイベントに賛同したら、あなたも参加しなくてはいけません。たとえあなたが、生徒にニッセ（クリスマスの小人）や天使の製作ではなくほかのことをやらせたいと思っていても、多数派の決定には従いましょう。「自分の」生徒だけに別のことをやらせるわけにはいかないのです。その代わり、もしかしたら来年は、あなたの提案した新しい企画が通るかもしれません。

学校全体で決められた活動を避けることはできないのです。そんなことをすれば、ほかの人が仕事ができなくなってしまいます。学校の、すべてのスタッフが同じ方向に進まなければならないのです。夏休み前の最後の日が清掃の日と決められたならば、あなたはその日にクラスの生徒を美術館に連れていくことはできません。たとえ、そのための妥当な

イースターのヒヨコを持って（4年生）

理由がいくつあっても、同僚は認めてくれないでしょう。だからといって、これはあなた自身がもっている教育的な自由を奪うということではありません。

また、すべての事項に従順に従わなければならないというわけでもありません。共同で決めたことが正しいときはそれに従い、自分の考えのほうが正しいと思うのならそれに従ってよいのです。つまりここでは、雇用者と被雇用者双方の状況に応じた的確な判断が必要となります。もし、あなたが全体で決められたことをしたくない、あるいはできそうにないと感じたら、そのことを伝えてどのように状況を乗り越えたらよいかを相談してください。そうせずに、実行しないための言い訳を探したり、学校に対してむやみに反発すると大きな問題に発展します。新しいことを試すのが嫌だという態度をとり続けると、あなたにとっても、周りの同僚にとっても、しだいに仕事がしにくくなっていきます。

健全な精神と豊かな変容力をもっている人は、仕事におけるさまざまな状況を簡単に乗り越えることができます。もちろん、拒絶してしまいがちな人にも希望はあります。ただ、もし拒絶する心が毎回わき上がってきたり支配的になってしまったら、あなたは別の仕事を探したほうがいいかもしれません。教師には、常に状況を改善しようとする向上心と、新しい方法を試す好奇心がなければならないのです。しかも、それを個人でもチームでも実施できることが教師に求められていることなのです。

個人的な作業

個人的な作業というのは、授業の準備やまとめなどに使う時間のことです。この時間を使って、教科内容について知識をアップデートすることもあなたの仕事です。

労働規定は教師の労働時間を決めており、そのうち、あなたが物理的に学校にいなければならない時間も決められています。ただ、それ以外の時間であれば、自宅の座り心地のよい椅子で授業の準備をしてもよいのです。これは、いわゆる「残業時間」となります。最近では、仕事は学校で終わらせてから帰宅する人が増えているようです。

ほとんどの学校で、あなたは校長と個人的な労働契約を結ぶことになるでしょう。その契約書には、個人の労働時間数以外に、あな

教師の個人的な作業

たに課される仕事とその時間が書いてあるはずです。これらは、あなたが何パーセントの契約で雇用されているかとか、一年間の労働時間数などから判断して決められています。またこれは、各地方の労使交渉に委ねられているため、地域によって異なります。スポーツ・デイやクリスマス会などのイベントを企画するための時間は、ほとんどの地域で労働契約に含まれています。

教師が授業計画を立てる際に役に立つサポートツールや教材はほとんどありません。学校によっては、授業の年間計画や、具体的にどのように学習を組織するかについての計画表をすぐに提出しなければならないところもあります。こうした場合、ほかの人の例を先に見せてもらうのがいいでしょう。そしてまずは、詳細な計画を立てる必要がある教科は何か、どの教科が教科書に沿ってやるのに適しているのかなどに注意しながら計画をつくってみてください。最初から、目新しい創造的な計画をすべての教科でつくることはおすすめできません。

計画をつくるときには、必ず時間的な「余白」を設けておきましょう。それによって、予定されていなかったテーマを急に取り上げることが可能になります。また、協働する予定のある同僚とは、共同プロジェクトを実施する時期をはっきりと約束しておきましょう。これで、一人で仕事をする時間もきちんととれることになります。

初めのうち、あなたはいつも時間が足りないという気分におそわれることでしょう。校長との労働契約は融通のきかないものですし、最初のうちは何がどのくらいの時間がかかるのかもわかりません。それに、学校にいるうちに何を行い、何を家に持って帰るべきかという境もあいまいです。実は、こうしたことはベテランの教師にも当てはまることなのです。つまり、教師は特殊で濃密な時間を生きているのです。長い夏休みがあるのはそのためでもあります。

教科内容の知識についてアップデートしておくこともモチベーションを保つために重要です。これは、個人的な責任であると同時に雇用者側の責任でもあります。教師の多くは、各種研修会の情報を集め、必要があれば常に研修会に参加しています。できれば、あなたもそうしてください！　興味のある研修があったらぜひ申し込んでみましょう。参加できるかどうかは、人数的、経済的、教科の優先度にもよるので毎回参加できるとはかぎりません。

自分にとって大事だと思う研修が見つかったとき、仕事外の時間を使って参加しなければならないこともあります。でも、仕事外の時間を積極的に使ってください！　もちろん、教師のなかには知識のアップデートに使える時間が少ないと感じている人もたくさんいます。ただ私たちは、その制約を理解したうえで、やはり研修を積極的に受けることをおすすめします。そしてそのときには、少なくとも同僚を一人連れていくようにしましょう。

私たちが伝えたいことは、あなたの教職経験は人生のそのほかの局面にも役立つ経験と喜びをもたらすであろう、ということです。あなた自身のためにも、学校での生活とそれ以外の生活との間に不要な壁をつくらないようにしてください！

教師の社会生活

さて、仕事にも慣れてきて、同僚の名前をすべて覚え、職員室で飲むコーヒー代もみんなで出し合っているということまでがわかってきたら、同僚がどのような社会生活を送っているかということに興味を覚えはじめることでしょう。

学校によってさまざまですが、ほとんどの場合、学校でのよい協働を実現するために休日にも楽しいことを共有するのがよいと考えられています。学校によっては、教育に関するテーマでインフォーマルな会合を開くところもありますし、いっしょにコンサートやサッカーの試合を観に行くところもあります。少なくとも、スタッフのためのクリスマス会と年度末のパーティーはどの学校においても行われています。

たまに、仕事とプライベートを完全に区別したがる人もいますが、私たちにはその利点がわかりません。共通の体験は共通の喜びを与えるものです。同僚と共有する時間があってもいいじゃありませんか?

ただ、私たちは、学校外にも友人をつくることをおすすめします。学校の世界だけで社会生活を築くと生活が少し単調になってしまいます。職場が大きな家族のようになってしまったら、密接すぎてそれはそれで欠点となるでしょう。

書かれた規則、書かれていない規則

はっきりと決まっている規則や仕事はすぐに明らかになります。休み時間に行う見回りの分担表は全員が見える位置に貼ってあるはずなので、誰がどこを責任もって見回るかはすぐにわかります。また、職員室の食器洗いや掃除の分担、時間割や教室の表もはっきりしています。

それに比べて書かれていない規則、すなわち、それぞれの学校の慣習（skolekoden）はすぐにわかるものではありません。それらは日常の実践すべてにかかわり、たとえば保護者会をどのように行うかということから、どのようなジョークが受けるのかに至るまで幅広く適用されています。

書かれていない規則を探るということは、先の見えないジャングルでもがくようなものだと感じるでしょう。でも、安心してください。誰も、最初からあなたがすべてを理解しているなんて思っていません！　ルーティンに慣れてくるにつれて、食器洗い当番を忘れず、自分の誕生日にケーキを持っていくという慣習に従うことも忘れないような余裕が出てくるでしょう。

新人であること

ほとんどの人が自分の新人時代のことを覚えています。職員室で間違った席に座ってしまうといった古典的なストーリーは、現在でも至る所で見られる光景です。職場には、人々の役割や機能に関して根深い歴史的な慣習があるものです。新しい考えを持ち込みたいと思ったら、あなた自身が周りにどのように見られているかということについて考えをめぐらせる必要が出てきます。

私たちが経験した、残念な事例を紹介しましょう。

フィンは「若い世界覇者」といった感じで、学校に革命を起こし、おばさん先生たちに決して指図されまいと意気込んでいました。まるで自宅の居間にいるように職員室のソファにどっかりと座り込み、全国紙であるダーグブラーエ紙（Dagbladet）を広げて読みはじめます。彼が顔を上げるのは、直接話しかけられたときだけです。

一週間たったある日、「隣の学校における協働のほうがここよりも成功している」と、彼は声高に主張しました。隣の学校では、教師が自分で時間割をつくれるというのがその理由だと言うのです。

もちろん、彼の言い分が正しい可能性はあります。ところが、どの教師たちも彼の主張にコメントをしなかったのです。彼のこれまでの態度が原因だということはわかりますよね。あなたが同僚にどのように思われているかの大部分は、あなた自身の行動によって決まるのです。あなたは、常に仕事の終わりの時間を気にしたり、やらなければならないことだけをやろうとしていませんか？　もし、少しでもそれ以上のことをやる意欲を見せることができれば、あなたはすぐにさまざまな実り多い活動に参加できるようになりますよ。それらは、あなたにさらなる意欲と喜びを与えてくれるでしょう。

では、フィンはどうしたらよかったのでしょうか。もし、彼が職員室での日常に興味をもち、もう少し謙虚さを示していたならば、彼はもっと好意的に受け入れられていたでしょう。経験を積み重ねてきた人たちを尊重することが、目的を達成する秘訣です。また、きちんと規則をわきまえていることも重要となります。もし、フィンがクラスを遠足に連れていくときのルールを知らなかったら、彼だけでなく学校全体が問題を抱えることになります。たとえば、「責任についての学習だ」という名目で三年生のクラス全員を街に連れていき、映画の待ち時間に勝手に街中を歩き回らせたとしたらどうなるでしょう。想像がつきますよね。

そう、フィンには、まだまだ学ぶことがたくさんあります。生徒が全員無事に帰ってこられたら、その幸運に感謝しなければなりませんね。

教師という仕事には成熟さが求められます。あなたに与えられている責任を認識してください。もちろん、それは経験によってわかってくる面もあります。もし、生徒に何をどこまで許してよいのかがわからなくなったときは、自分の子どもだったらどうなのかということを考えてみてください。これは、とてもよい行動方針となります。

変革を求めること

どのような環境にも、正式なリーダーのほかにインフォーマルなリーダー格の人がいます。彼らは、実践において何が許されるべきかということを決めるのに大きな役割を担っています。あなたもそのうち、ある人がほかの人よりも影響力が強く、事実上の権力をもっているということがわかってくるでしょう。もし、あなたが何らかの変革を提案したいと思っているのなら、こうした人物を見つけておくことが非常に重要となります。

それぞれの学校は、日々の活動を独自に組織しています。もちろん、外的な要因、すなわち生徒数、バスの発着時間、建物の制限、教師の労働規約なども重要な要素ですが、基本的には、「どうすれば上手くいったか」という経験の積み重ねが活動の根底にあると言えます。

やりたいように仕事ができず、何かが障害になっていると感じたら、まず何が障害になっているのか、そして、どうしてそうなっているのかを探ってみましょう。背景を知る前に変革の提案をするのは賢明とは言えません。あなたが認識していることを何人かの同僚に話して、確認することもいいでしょう。全体の会合で話すのはそれからです。

教師のなかには、新しい教育方法を試したり、研修を熱心に受けている人もいます。ですから、仮に多くの教師が、かつてあなたが学校に通っていた時代からずっと教師をしていたとしても、必ずしも古風で頭が固いとは言えないのです。

時計のある校舎。時計の下にはノルウェーの旗も見えます。

冬には校庭の坂でそりすべりができます。

重要なことを確認します。あなたは、生徒の学習を促進するための教育を受けてきました。また、学校がどのような役割をもっているかについて、政治的でイデオロギー的な意見の相違があることも知っていますね。課題は山積みになっており、学校の管理職はそのなかから常にプライオリティを定め、すべての次元を包括的に組織しなければなりません。このような環境のなかで、あなたはどのような貢献をすることができるでしょうか。

それは、あなたの教室の実践によってです。このことは別の章でも述べましたが、今、もう一度その重要性を強調します。あなたが生徒や保護者に対して行っている実践こそが、あなたの立場を示すことになるのです！

また、何をどこで議論すべきかを意識することも大事です。時間割の編成の悪さについて、保護者会で愚痴を言うのは間違っています。なぜなら、保護者はそれを変えることができないからです。あなたは、議論をするための適切な空間（アリーナ）を常に選ばなければなりません。

私たちは、あなたが積極的に学校の変革や向上に参加していくことを願っています。ただ、そのためにも少し戦略的にならなくてはいけないのです。成功した多くの新人は、自らのアイデアを小さい規模で実行し、徐々にポジティブな噂を広めていきました。もし、人に話を聞いてもらいたいと思ったら、時が来るまでアイデアを温めておきましょう！

重要なことに力を注ぐ

私たちは、今あなたがもっている熱意を生涯にわたって保ってほしいと思っています。ですから、最初に自分自身に大きな要求を課しすぎて身をほろぼすことのないようにしてください。最初から、最新の教育方法を実践し、同時に、生徒に基本的な知識を与えるのは不可能です。実現できそうにない大がかりな授業計画をつくることにも賛成できません。カリキュラムが多少の助けになってくれるとはいえ、常に優先順位を決めていかなければならないのです。テーマ学習やプロジェクト学習[(6)]（三〇ページを参照）は、初めはなるべくシンプルで見通しのよいものがよいでしょう。

私たちの記憶に新しい、新任教師のスィグリについてお話ししましょう。

彼女は、大学を卒業して一年生を担当することになりました。これで夢見ていた完璧な先生、すなわち生徒をケアし、生徒のために時間を割ける先生になることができる！と、毎日がパーティーであるかのようにはしゃいでいました。アルファベットの「B」を習う日には丸いパン（boller）

（6）「テーマ学習（temaarbeid）」あるいは、「テーマによる学習の組織（temaorganisering）」と呼ばれる。生徒の関心、地域性のあるトピック、現代的な問題などをテーマに教科横断的に学習内容を組織することを指す。テーマ学習は、プロジェクト学習の形態をとることも多いためか、両者はともに扱われることが多い。

を焼き、「I」の日にはアイス（is）を買い、「V」の日にはワッフル（vafler）を準備し、「S」の日にはスープ（suppe）を用意するなど、彼女は自分なりにいろいろと考えて工夫をしました。つまり、楽しく食べることによって学習過程によい効果をもたらすと考えたわけです。それだけではなく、クラスの雰囲気をよくすることで、よい学習環境をつくることができると考えていたのです。

しかし保護者は、しだいに授業中に行われる食べ物のイベントが時間をとりすぎているのではないかと危惧しはじめました。スィグリ先生は母親の役割を楽しんでいるけれども、そこまでやる意味はあるのだろうか、教師に対する本来の期待には応えていないのではないか、と思いはじめたのです。そして、生徒はしだいにわがままになっていきました。

しばらくすると、同僚の教師たちまでもスィグリ先生の目的を疑いはじめました。彼女は、生徒の学習効果だけではなく、学校で一番「やさしい先生」になりたいという下心があるのではないかと思いはじめたのです。ご存じのように、そのような「一人の目立った人間を否定する[7]（Janteloven）」性質のうわさは早く広がるものです。

ある日、ご主人が病気になったためにスィグリ先生は生徒のノートを期日までにチェックすることができなくなり、翌日の授業の準備もちゃんとできなくなりました。ついに問題が表面化したのです。ところが、なんとスィグリ先生はこれまで通り「P」を習うためにピザ（pizza）を用意したのです。

スィグリ先生は、重要なこととそうでないことの区別ができなかったと言えるでしょう。生徒や保護者たちは、準備不足や宿題のずさんなチェックに対して当然とも言える反応をしました。彼女が台所で行った努力に感謝する人は少なかったわけです。

（7）作家アクセル・サンデモーセ（Aksel Sandemose, 1899～1965）の一九三三年の作品に起源をもつ言い回し。作品では、ヤンテという町の人々が、その町で成長するある男の子に対して自由と可能性を抑圧する様が描かれている。主題は、人の偏狭さと嫉妬であり、作品に出てくる「自分が何者かになれると思うな」など自己否定的な一〇か条が「ヤンテの法則（Janteloven）」と呼ばれるようになった。

おわりに――位置について、よーいドン！

さあ、あなたはスタートラインに立ちました。出発の準備もできました。緊張していますか？　もちろん、楽しみと不安の両方があるでしょう。それでいいのです。

教師という職業はリスクの高いスポーツでしょうか？　少なくとも、エキサイティングで挑戦しがいのある職業です。どのような道を進むのかが、いつも未知なのです。でも、よいサポートがあればたくさんのことができます。そして、成功するために一番大切なのは、十分な訓練と心の準備です。

これからの人生には二つの状況があると考えてください。一つは、あなたから力を吸い取っていく事態、そしてもう一つは、あなたにエネルギーを与えてくれるという事態です。向かい風のなかにいるときは、楽しくない人や足を引っ張る人といっしょにいるのではなく、あなたが前に進んでいけるようサポートしてくれる人を見つけましょう。

幸いにも、教師という仕事はさまざまなことを自分で決められます。あなたに、仕事への意欲と喜びを生み出してくれるような教材や活動を見つけてください。

上「位置について、よーいドン!!!」
下「教員養成カレッジ」「職業生活」

マーティン先生は、毎日、生徒に対してオルガンを弾いていました。古いオルガンが教室にあったのです。マーティン先生は休み時間にはオルガン弾きとなり、生徒たちはその横で声を張り上げて歌っていました。教師と生徒が、歌と音楽の喜びを共有していたのです。

学校での一日を歌ではじめることが、彼らによいサイクルをもたらしました。オルガンと音楽が、マーティン先生にとって一番強さが得られる源泉だったのです。そして、そこから得たエネルギーをもとに、彼は生徒のための実践に力を注ぐことができたのです。

さあ、あなたにとっての力の源泉は何ですか？

訳者あとがき——ノルウェーの教育事情

▼教師という仕事

教師の仕事というのはとてつもなく大変だ。教師の役割は、いつの時代にも、世界のどこにおいても重要であったが、近年では、さまざまな社会の変化によってその役割がますます複雑化している。教育学者のアンディ・ハーグリーブス(1)は、教職を「パラドクスに満ちた職業である」と言い表している。

すなわち、現代社会において教師は、知識社会と経済的繁栄を築くための革新性、柔軟性、そして変革への意志という能力を子どもや若者に育成しなければならないのだ。しかし、同時に教

（1）（Andy Hargreaves）イギリス出身の教育学者。カナダ、トロント大学のOISE（Ontario Institute of Studies in Education）では、国際教育変革センター（International Centre for Educational Change）の設立に関わった。現在はアメリカ、ボストンカレッジの教授。主な著作は"Changing Teachers, Changing Times"（1994）, "Teaching in the Knowledge Society"（2003）, "Sustainable Leadership"（2005）など。

師は、知識社会の負の側面――過度の消費主義、コミュニティの消失、貧富の格差など――の影響を和らげ、それらに対抗する役割も期待されている。教師は、この相反するように見える二つを同時に実現しなければならない逆説（パラドクス）に満ちた職業だというのである[2]。

教師に対する人々の過大な要求や、期待と不安が入り混じった視線は、このような教職の複雑性を反映してのことだと言える。

教師は、巷《ちまた》の教育論議やニュースで話題の中心に上るだけでなく、政策レベルでも重要な位置を占めている。教員養成や現職教育を含めた教師教育政策は、各国の最重要課題の一つになっているのである。日本では教職大学院の設置、教員免許更新制の導入などが相次いで決定された。本書の舞台であるノルウェーでは、一九八〇年代後半から教師教育の改革が着手され、教員養成課程のカリキュラムが二〇〇三年までに三度も改訂されている。また、二〇〇七年末に経済協力開発機構（ＯＥＣＤ）による五〇か国以上の一五歳を対象とした生徒の学習到達度調査（ＰＩＳＡ）の結果が出ると、教育大臣は教師教育のさらなる強化を提言した。

こうした各国の教師教育政策には、方向性の違いも指摘できる。たとえば、日本の改革は、「不適格教師」の排除や業績評価など、教師を管理の対象として見ていないだろうか。それに対してノルウェーは、教員養成課程のカリキュラムの改訂や新任教師へのサポート体制、そして継続教育の充実など、教師の学習の促進に焦点をあてる傾向がある。しかし、いずれにせよ、こうした教師に対する期待と要求が、教師という複雑な仕事に対する理解をともなっているかどうかは吟味されるべきところであろう。

　当事者である教師には、外の人々には見えない、まったく別の世界が見えている。アメリカの教育学者であるリンダ・ダーリン・ハモンド(3)とジョン・ブランスフォード(4)による編著作の序章では、教師の実践を描写するのにオーケストラの指揮者を比喩的に取り上げている(5)。

---

(2)　Hargreaves, Andy, Teaching in the Knowledge Society — Education in the Age of Insecurity. Teachers College Press, 2003, p.9

(3)　(Linda Darling-Hammond)　アメリカの教育学者。現在スタンフォード大学教授。それ以前、コロンビア大学在任時に関わったレポート "What Matters Most: Teaching for America's Future" (1996) はアメリカの教師教育政策に大きな影響を与えた。研究テーマは、ティーチング (teaching) の質、教育改革、教育における公正性など。主な著作は、"The Right to Learn: A Blueprint for Creating Schools that Work" (1997)、共編著作に "Teaching as the Learning Profession: A Handbook of Policy and Practice" (1999)、"Preparing Teachers for a Changing World — What Teachers Should Learn and Be Able to Do" (2005) など。

(4)　(John Bransford)　アメリカの教育心理学者。現在ワシントン大学教授。それ以前、ヴァンダービルト大学では学習テクノロジーセンター (Learning Technology Center) で数学、科学などの学習ツールを開発した。有名なものにジャスパーの冒険という数学の問題解決のためのビデオ教材がある (Adventures of Jasper Woodbury)。主な共編著作は "How People Learn: Brain, Mind, Experience, and School" (2000)、"Preparing Teachers for a Changing World — What Teachers Should Learn and Be Able to Do" (2005) など。

オーケストラの指揮者は、刻々と状況を読み、すべてのパートを把握して結びつけ、団員にモチベーションを与え続け、一人ひとりとコミュニケーションをとるという複雑な実践を行っている。しかしそれは、素人の、しかも指揮者を後ろ側から眺めている観客からは見えていない。

教師の仕事も同じようなものだという。一見誰にでもできそうなシンプルな行為の裏には、さまざまな知識や見えない計画、そして舞台裏での動きがある。それは、自分が生徒であるときには見えない世界であり、学校という場から卒業してしまった大半の人々にも見えない世界であり、また教師になることを目指して教員養成課程に通い、教育実習を経た学生にもまだ見えない世界であろう。

それゆえ、新しく教師になった人は、学校現場に入ってからこれまで知りえた教職についての知識とのギャップにショックを受ける。いわゆる、新任教師の「リアリティ・ショック（ノルウェー語では praksissjokk）」である。教師の仕事は、傍から見ているよりずっと複雑なのである。

本書は、ノルウェーでこれから教師になる人に向けて書かれた本である。著者であるアストリ・ハウクランド・アンドレセン、バーブロ・ヘルゲセン、そしてマーリット・ラーシェンは、一九七〇年代に教師教育を受け、教師や管理職の経験をもつ、いわば「ベテラン教師」である。だからといって本書は、教師になって直面するであろうさまざまな場面において、「どうすれば上手くいくのか」というコツを「ベテラン教師」が伝授するといった単なる「マニュアル本」ではない。教師が課されている仕事を、「生徒」、「保護者」、「同僚」との関係のなかでとらえ、さまざまな状況の具体的なイメージや、そのような場面における考え方の指針を伝えようとしている。読者のみなさんは、生徒、保護者、管理職、同僚のそれぞれの想いや願いが交錯するなかで実践を行う教師の仕事の一端を見たことだろう。

本書の意義

本書は、今から一〇年ほど前にノルウェーの教師に向けて書かれた本ではあるが、今日の日本の現職教師、および教師をめざす人が読んでも、その心構えと視点、そして教職の舞台における描写は興味深いものではないだろうか。もちろん、本書のアドバイスをそのまま日本で実践しようとするときは、ノルウェー独自の状況というものをふまえる必要があるが、教師の置かれている状況や仕事には国や文化を超えて、また時間を超えて共通するものがあるのも事実だろう。

そして、本書を読むことによって、ノルウェーにおいて考えられている教師像を読み解くこともできる。本書は、ノルウェーにおける教師の専門職性を分析したような専門書ではないが、「べ

（5）Darling-Hammond, Linda & Bransford, John（eds）, Preparing Teachers for a Changing World — What Teachers Should Learn and Be Able to Do. Jossey-Bass, 2005, p.1

テラン教師」のメッセージのなかに、ノルウェーの教師が求められている役割を垣間見ることができる。そして、そこから日本にいる私たちが学ぶことも少なくないだろう。

本書の特徴と意義として、以下の三点を挙げたい。最初の二つは、ノルウェーにおける教師像に関連するものである。

一点目は、教師の仕事の中心に、生徒の学習を促進するために学習環境を整えるということが置かれていることである。教師の仕事は、一方的に知識を教えることではなく、生徒が学べる環境を用意し、一人ひとりの学ぶ過程に寄り添い、必要なときにサポートを与えることである、という考え方がノルウェーでは主流であることがわかる。本書は、さまざまな困難な状況に置かれたときに、何が一番重要なのか、すなわち生徒の学習に焦点を当てることが重要なのだという原則を貫いている。

なお、どのような学習環境が生徒の学習にとってよいものなのかは、歴史的・文化的な背景によって異なっていると言えよう。たとえば、ノルウェーでは一九七〇年代の進歩主義的な教育観が色濃く残っている。それは、知識の習得よりも生徒の自尊心、安心感、他者との関係性を学習の前提として重視するという教育観である。

二点目は、子どもの教育にかかわる仕事は協働のうえに成り立つものであるという前提に立っていることである。本書が「生徒との出会い」、「保護者との出会い」、そして「同僚との出会い」

という三つの出会いで構成されていることからも、教師という職業をさまざまな人とのかかわりによってとらえようとしていることがうかがえる。なかでも、保護者や同僚、そして管理職や学校外の教育や心理学の専門家との協働は端々で強調されている。現代社会において、教師が一人で教室を運営し、子どもをめぐるさまざまな問題を解決することは不可能に近い。

東京大学の佐藤学(6)は、教師が学校のなかで協同する関係を示す「同僚性」と、先輩教師が後輩教師の専門的自立を援助する活動を意味する「メンタリング」(7)を、教師の専門的な成長に決定的な役割を果たすものとして紹介している。だとしたら、目の前にある問題解決を協働して行うと

---

(6)　佐藤学は日本の教育学者で、現在東京大学大学院教育学研究科の教授。研究テーマは、学校改革、教師教育、授業研究など多岐にわたる。自ら全国の教室に足を運び、教師と協同して学校改革に携わってきた。主な著作は、論稿集三部作の『カリキュラムの批評』（一九九六年）、『教師というアポリア』（一九九七年）、『学びの快楽』（一九九九年、以上世織書房）、『教育方法学』（一九九六年）、『教育改革をデザインする』（一九九九年、以上岩波書店）、学校改革の実践記録として監修した『学校を創る――茅ヶ崎市浜之郷小学校の誕生と実践』（二〇〇〇年、小学館）、編著作『公立中学校の挑戦――授業を変える学校が変わる』（二〇〇三年、ぎょうせい）など。

(7)　佐藤学「教師の省察と見識――教職専門性の基礎」、『教師というアポリア――反省的実践へ』（世織書房、一九九七年、七〇～七一ページ）。なお佐藤は、「協同」という表記を用いているが、本書ではノルウェー語の「samarbeid（ともに働く）」の訳語として「協働」をあてた。「協働」という表記を用いている日本の文献としては、秋田喜代美『子どもをはぐくむ授業づくり――知の創造へ』（岩波書店、二〇〇〇年）などがある。

いうだけでなく、教師集団が専門性を高めるという長期的視点から見ても、教師同士の協働、あるいは教師と親、他の専門職、地域との協働は必要となろう。実現しているかどうかは別としても、ノルウェーではプロジェクト学習や教師が集まって授業計画を立てる日を導入するなど、教師の協働を促す制度を整備しようとしている。

三点目は、本書の内容が理想主義的というよりは現実的で実践的であるということである。それは、状況描写が具体性をもっているということだけではない。学校という職場でさまざまな人とかかわって仕事をしていくなかで、ときに妥協や従順さや戦略が必要であるという現実的なメッセージが見え隠れしているように思える。教職への高い理想をもっている読者はやや失望するかもしれないし、保守的な印象をもつところもあるかもしれない。

また、想定されている場面場面における人との関係や状況に重きを置いているためにアドバイスがあいまいだったり、両義性をもっていると感じる箇所もあるかもしれない。これは、教師に向けた「アドバイス本」のもつ限界であるとも言えよう。つまり、究極的には教師の仕事は、あらゆるマニュアルを拒絶する性質のものだということである。そうした意味においては、本書の妥協やあいまいさの表現は教職の真実をついているのかもしれない。

『学校教師――社会学的研究』を著したダン・ローティ(8)は、教職の特徴を「不確実性」という概念で説明しようとしている。他の専門職と比較しても教職は確実な理論や技術が存在せず、仕事の評価も恣意的なものである。(9) つまり、教師の仕事は、これといった確実な方法論を依然として獲得していないし、また今後も獲得しえない性質の職業なのかもしれない。そのうえで過去と未来、伝統と革新、理想と現実の間をつなげるという重大な課題に取り組まなければならないとしたら、「不確実性」に押しつぶされないようにバランスをとることも必要だし、よい意味での適当さも必要となる。本書には、そういうメッセージが込められているのかもしれない。

▼ノルウェーの子ども・学校・社会

ここからは、ノルウェーの教師をとりまく教育と社会の状況を少しお話ししておこう。

本書では、教師が出会うであろうさまざまな問題や葛藤が学校のなかから見た視点で語られている。本稿では、それを補完するように、学校の外から学校のなかの実践を形づくっているもの、つまり教育制度や子どもをめぐる社会や家庭の状況、また近年の変化を見ていくことにする。ま

(8)（Dan Lortie）教師についての研究として名高い『Schoolteacher — a sociological study（学校教師――社会学的研究）』（一九七五年）の著者である。彼の出した教職の「不確実性（uncertainty）」、教室のもつ「卵の殻の構造（egg crate structure）」などは、重要な概念として現在でも引用されている。
(9) 佐藤学「教師文化の構造」、『教師というアポリア――反省的実践へ』（世織書房、一九九七年）、八六ページ。

ず、現在の教育制度を概観し、国際調査から見えるノルウェーの生徒の学力に触れる。次に、教師にとってとくにかかわりの深い社会および教育環境の変化をいくつか取り上げていく。

各論に入る前に、ノルウェーという国の概要を示しておこう。(10) ノルウェーはヨーロッパの北、スカンジナビア半島の西側に位置する人口四六八万人（二〇〇七年現在）の国である。南北に長細く、山とフィヨルドに特徴づけられる険しい自然を有し、沿岸の海では原油と天然ガスを産出する。ノルウェーは、原油、天然ガスともに世界で第三の輸出国である。経済的に豊かな国であるが、物価も高い。首都オスロは、二〇〇七年の調査では世界一生活費の高い都市だと発表された。(11)

ノルウェーに住む人々の大半はノルウェー人であるが、北極圏を中心として先住民族であるサーメ人が約六万人〜一〇万人ほど居住している。また近年では、アジア、アフリカ、東欧からの移民も増加し、ノルウェー社会の多様性を生み出している。

ノルウェーは、日本ではノルウェー・サーモンの産地、男女平等の進んだ国、国際問題における和平仲介役などとして紹介されることはあるが、教育については、隣国のスウェーデンやフィンランドに比べてあまり注目されることがなかった。それは、福祉国家として名を挙げたスウェーデンや、より最近になって子どもの学力で脚光を浴びているフィンランドに比べて「目立った成功」を上げていないからかもしれない。しかし、だからこそ、ノルウェーの試行錯誤から学ぶことには意義があると言えるだろう。

▼ノルウェーの教育制度と教師教育

ノルウェーの学校を特徴づけているのは「ひとつの学校（enhetsskole）」の理念である[12]。これは、すべての子どもたちが社会的・経済的・文化的背景で区別されることなくひとつの同じ学校に通い、それによって平等な社会を構築するという考え方である。第二次世界大戦後、ノルウェーの学校は、福祉国家の要として「ひとつの学校」の理念をヨーロッパのなかでもいちはやく実現した。

ノルウェーには、現在でも特別な場合を除いて私立学校はほとんどなく、すべての子どもが自分の住む地域の基礎学校（grunnskole）に通っている。基礎学校は六歳から一〇年間の義務教育

(10) ノルウェーの概要については、在日ノルウェー大使館のウェブサイトを参照。http://www.norway.or.jp/

(11) エコノミスト紙の研究部門が行う世界の生活費を調査する「Worldwide Cost of Living Survey（世界の生活費調査）」による。世界一三〇都市において、一六〇品目の値段が調査される。二〇〇七年の結果は以下のホームページを参照。http://www.economist.com/markets/rankings/displaystory.cfm?story_id=8908470

(12) Imsen, Gunn. Lærerens Verden, Universitetsforlaget, 1999, pp.121-123

を行う学校で、小学校（barnetrinn：一～七年生）と中学校（ungdomstrinn：八～一〇年生）に分かれている場合もあれば、統合されている場合もある。基礎学校の教科は**表1**のようになっている。

基礎学校卒業後は後期中等教育（videregående opplæring）が受けられる。後期中等教育には三つの進学準備コースと九つの職業訓練コースがあり（**表2**を参照）、近年では職業訓練コースを選ぶ生徒が増加の傾向にある。[13] 進学準備コースは三年間、職業訓練コースは二年間の理論学習と二年間の徒弟制が組み合わされた四年間の教育である。ただ、途中でコースを転向することも可能である。

職業訓練コースを卒業した人は、その

表1　基礎学校の教科

・キリスト教・宗教・倫理
・ノルウェー語
・数学
・理科
・英語
・外国語
・社会
・図工
・音楽
・食物と健康
・体育
・生徒会活動（中学校から）
・選択科目

表2　後期中等教育の12のコース

〈職業訓練コース〉
・技術と産業生産
・電気
・建設
・レストランと食品加工
・健康と社会福祉
・デザインと工芸
・メディアとコミュニケーション
・サービスと流通
・農業・漁業・林業
〈進学準備コース〉
・一般教養
・体育
・音楽・ダンス・演劇

＊2006年以降導入の新カリキュラム。Kunnskapsdepartementet（教育省）, Rundskriv F-12-06, 2006より筆者作成。

まま職業に就いたり、その後高等教育や成人教育のコースを受けるなどして、生涯を通じて力量を開発する機会がある。進学準備コースを卒業した人のなかには、そのまますぐ高等教育機関（大学やカレッジ）に進学する人もいれば、デンマークの成人教育の流れをくんだフォルケホイスコーレ（folkehøgskole）という成人学校で知見を広めたのちに進学する人もいる。いずれにせよ、個人が望みさえすれば、職業と教育の行き来がいつでも可能なシステムが比較的整っていると言えるだろう。

　基礎学校の教師になる人は、大学ではなく、もうひとつの高等教育機関であるカレッジ（høgskole）の教員養成学部で育成される。

　以前は、教員養成カレッジ（lærerhøgskole）が独

（13）SSB（ノルウェー統計局）, Fakta om utdanning 2008—nøkkeltall fra 2006

図1　教員養成課程の定員数と応募者数

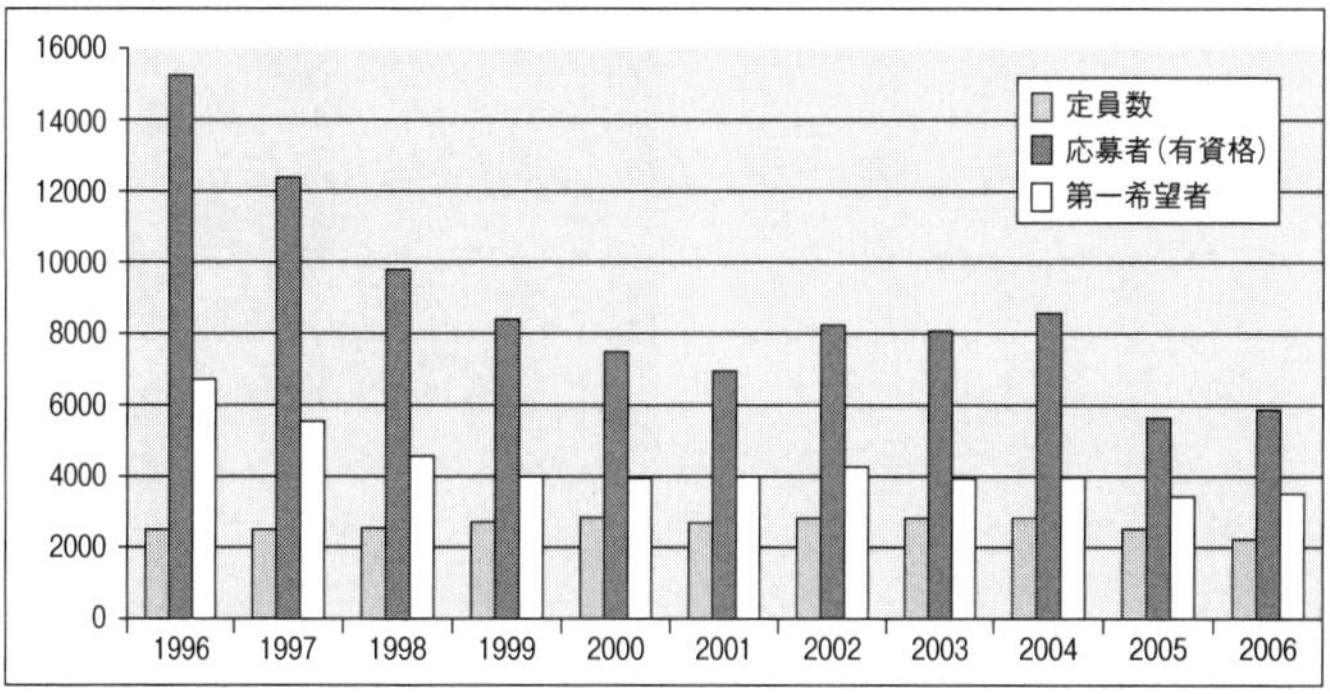

Kilde: Samordna opptak

＊NOKUT, 2006, p.26より

立して存在していたのが、一九九四年の高等教育改革の際、地域ごとにあった専門職養成のカレッジ（看護士カレッジやエンジニアカレッジ）と統合された。四年間の課程のなかで、基礎学校で教える教科、教育学、教科教授学を学び、二〇～二二週間の教育実習を行う。卒業すると基礎学校の教師の資格が得られ、それをもとにコミューネ（市）、あるいは場合によっては学校に直接応募して採用される。

しかし、一九八〇年代後半から、教師および教員養成課程の学生の質の低下が問題になってきた。そこで二〇〇五年に、教員養成課程に入るために必要な高校の成績の最低基準（ノルウェー語と数学で成績3以上。もっとも良い成績は6）が定められた。二〇〇五年に応募者が激減しているのはそのためである。また、教員養成課程への応募者は一九九〇年代に比べて近年では著しく減っている[14]（**図1**を参照）。一方、志願者のなかで教員養成を第一希望にしている者の数は一九九九年以来比較的安定している。二〇〇七年現在では、一つの席に対して第一希望者が一・三人という状況だ[15]。

技術を学ぶ教員養成の学生

教育省は、幼稚園を強化する政策によって就学前教員養成課程への応募者が増えたことに比べて、基礎学校の教員養成課程への応募者が減る傾向にあることを危惧している[16]。もっとも優秀な学生を教員養成課程に引き込めないということは、教員養成課程の教育内容の改革と並んで重大な政策課題であろう。

▼ノルウェーにおける子どもの学力

一国の教育システムをどのように評価するかについてはさまざまな切り口があるだろう。そのうちの一つとして、子どもの学習到達度の比較が挙げられる。複数の国の子どもの学習到達度を測定・比較する枠組みとして近年多用されているのが、先にも少し述べた経済協力開発機構（ＯＥＣＤ）による生徒の学習到達度調査（以下、ＰＩＳＡ調査）である。

二〇〇六年のＰＩＳＡ調査の結果にもとづくと、ノルウェーの一五歳の学習到達度は必ずしも高いとは言えない。科学、読解、数学のすべての分野においてＯＥＣＤの平均を下回ったのであ

(14) NOKUT, Evaluering av allmennlærerutdanningen i Norge, Hovedrapport, 2006, pp.25–26
(15) Samordna Opptak, Søkerstatistikk 2007, p.11
(16) Kunnskapsdepartementet（教育省）, Pressemelding Nr. 48–07, 2007

る（図2を参照）。これは、北欧諸国のなかでも最低位に位置する。経年のデータを単純に比較することは難しいが、それを前提としてあえて比較したグラフでは、第一回目の調査が行われた二〇〇〇年に比べてどの分野でも成績の低下が見られる(17)（図3を参照）。

ノルウェーは、一九九〇年代より知識の向上を焦点に当てた包括的な教育改革を実施してきたが、学習到達度には（まだ）反映されていないのである。しかし、同時に興味深いのは、北欧の他の国に比べてノルウェーの学校の校長は親から学習到達度に関する「プレッシャーをあまり感じない」と報告している点である(18)。

また、二〇〇六年の国際教育到達度評価学会（ＩＥＡ）の読解力調査（ＰＩＲＬＳ）の結果から、ノルウェーの生徒はもっとも学校で安心

図2　2006年度 PISA 調査における北欧諸国の成績（OECD 平均との差）

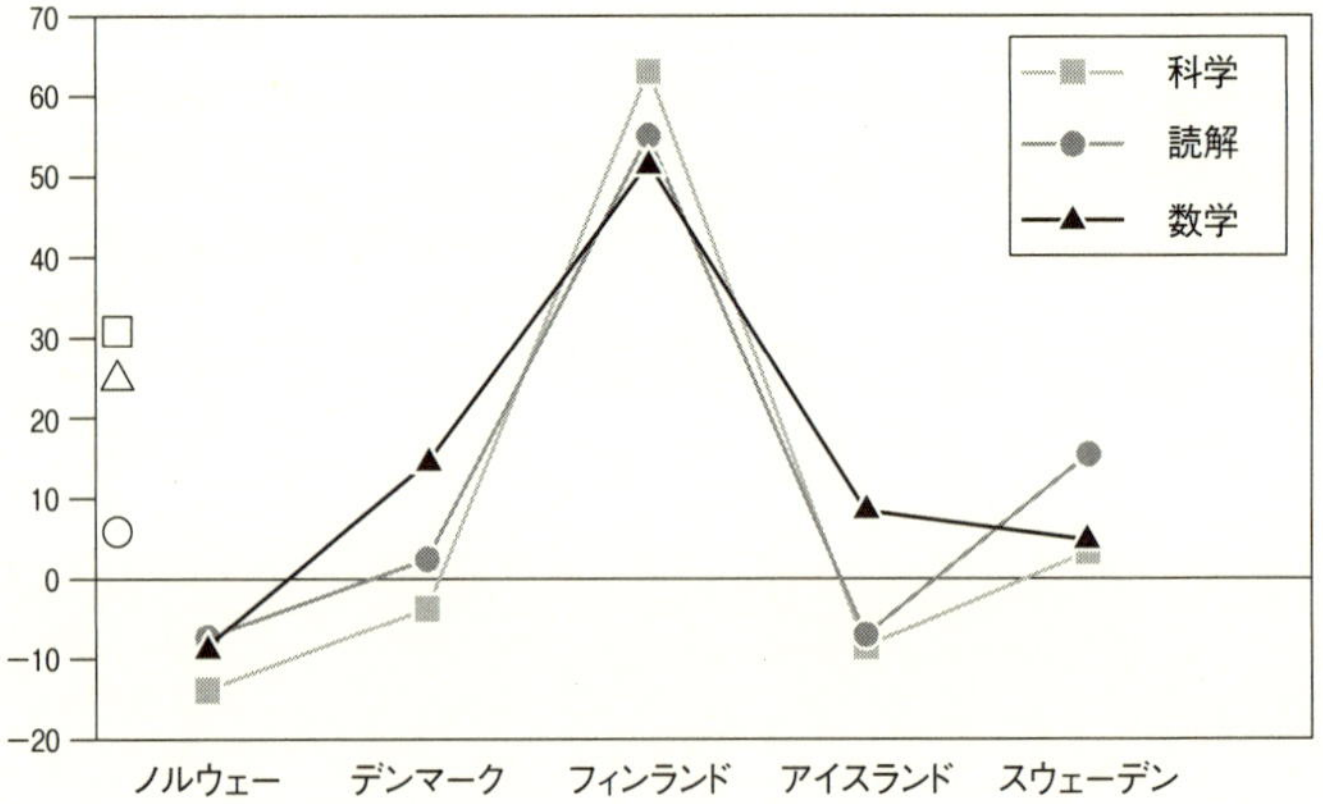

＊Kjærnsli et al., 2007, p.25より。左端の□、△、○はそれぞれ日本の科学、数学、読解の成績（筆者加筆）。

感を感じているということや、読解に自信をもっている生徒の割合が増えたということが明らかになった、と報道された[19]。この結果について教育大臣は、ノルウェーの学校にもよいところがたくさんある、というコメントを寄せている。

これらのことは、ノルウェーの人々が学校や教育において学力のみに価値を置いているわけではない、ということを示しているのではないだろうか。

(17) Kjærnsli, Marit; Lie Svein; Olsen, Rolf Vegar & Roe, Astrid, Tid for Tunge Løft — Norske elevers kompetanse i naturfag,lesing og matematikk i PISA 2006, Universitetsforlaget, 2007, pp.24-27

(18) 同右、p.34

(19) Dagsavisen, "Norske elever på trygghets-toppen", 4. Januar 2008

図3　PISA調査におけるノルウェーの成績の経年変化

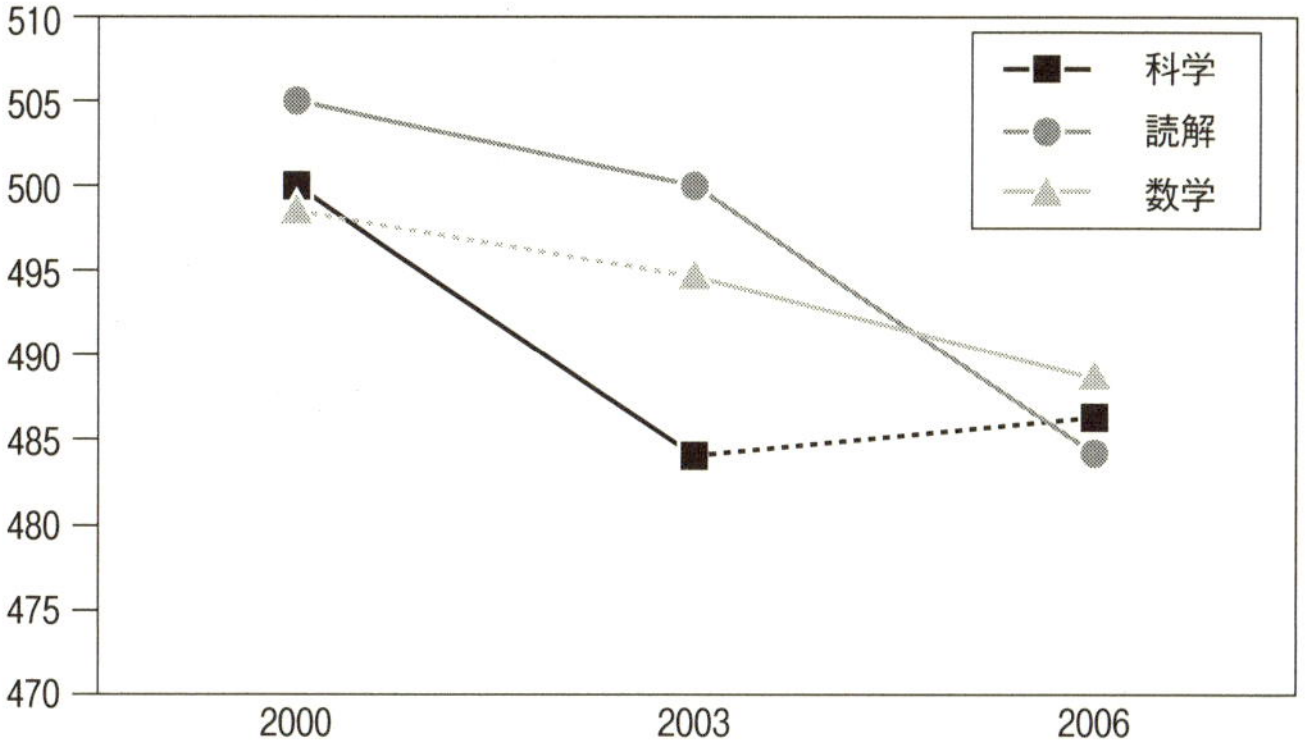

＊Kjærnsli et al., 2007, p.27より。問題の枠組みの変化から、各回の成績は単純に比較できないとの注記あり。特に問題のある比較は点線で表示されている。

教室をめぐる変化――生徒の多様化と教師の役割の変容

オスロ大学の教育研究所が出している報告書に、北欧四か国の教師へのインタビュー調査のレポートがある。そのなかで、ノルウェーの教師は自分たちの実践をめぐる近年の変化として主に四つを挙げている。[20]それは、教師に課せられた義務の変化、教師の教室における実践の変化、経済的資源と補助の変化、そして生徒の変化である。

教師に課せられた義務の変化とは、国のカリキュラムの改訂や学校ごとの授業計画案の作成義務、そして労働時間の規定の改革などであるという。教室の実践における変化とは、教科横断的なプロジェクト形態の学習が課せられ、教師同士の協働が求められるようになったということである。また、経済的資源の変化とは、教師が必要としているリソースが提供されていないという不満である。そして、生徒の変化とは、多様な文化的背景をもつ生徒が増えたことや家族関係の変化によってよりケアを必要とする生徒が増えたことだという。

以上の変化をすべて取り上げることはできないが、以下では、移民と家庭環境、プロジェクト学習・テーマ学習などの新しい授業形態、そしてコンピュータおよびインターネットを取り上げ、ノルウェーの教室の多様性と、それに応じた教育政策および教師の役割の変容を描き出してみたい。

①移民の増加

移民の増加による生徒の民族的多様性は、近年の欧州の教育を語るときには無視できない。ノルウェーでは現在四五万九〇〇〇人（人口の九・七パーセント）が移民の背景をもつ人である。[21] この数は、ノルウェーの少数先住民族であるサーメ人の推定値を上回っている。このうち、七万九〇〇〇人ほどはノルウェー生まれの第二世代の移民である。

過半数がヨーロッパ以外の背景をもち、なかでもパキスタン系、ソマリア系、ベトナム系が多い。ここ数年は、EUの拡大の影響もあり、ポーランドからの移民が急増している。移民人口の四三パーセントはオスロとその近郊に居住しており、オスロでは四人に一人が移民である。そして移民は、今後も増加し続けるだろうと予測されている。[22]

基礎学校では、こうした移民の背景をもつ子どもたちがノルウェーの社会で生活していけるように、言語を中心とした特別な教育が提供されている。ノルウェー語かサーメ語以外の言語を母

（20）Klette, Kjersti; Carlgren, Ingrid; Rasmussen, Jens & Simola, Hannu（eds）, Restructuring Nordic Teachers: Analyses of Interviews with Danish, Finnish, Swedish and Norwegian Teachers, University of Oslo: Institute for Educational Research, 2002, p.82

（21）SSB（ノルウェー統計局）, Befolkningsstatistikk. Innvandrerbefolkningen, 1. januar 2008

（22）SSB（ノルウェー統計局）, Framskriving av innvandrerbefolkningen, 2008-2060

コラム　オスロの移民の背景をもつ子どもたち

オスロでも移民が多い地域は中心街から東側に集中しており、訳者が訪ねたオスロ東側に位置するR中学校では、生徒の90%以上が移民の背景をもつ子であった。校長先生は、「ここの生徒の話す言語は合わせて40言語にもなる」と誇らしげに教えてくれた。R中学校では、ノルウェーに来たばかりの生徒は準備クラス（mottaksklasse）に入り、ノルウェー語に重点を置いた各教科の学習を行っていた。

中央で生徒をひざにのせている女性は準備クラスの担任教師の一人。同じく、移民の背景をもつ。

コラム　日本における外国籍の子どもたち

2007年末時点、日本にいる登録外国人数は約215万人で人口の1.69%を占める。[*1] 10年間で日本にいる外国人は1.5倍になり、今後とも増加することが予想される。学校に在籍する日本語教育が必要な生徒数は、2006年度で小学校15,946人（全児童数719万人）、中学校5,246人（全生徒数360万人）で、いずれも前年度より増加している。[*2] こうしたなか、外国人生徒の学習や生活をサポートする仕組みは十分整っていると言えるだろうか。彼らの抱える、様々な問題や葛藤に応える政策や対応が求められる。

＊1）法務省入国管理局「平成19年末現在における外国人登録者統計について」2008

＊2）文部科学省「日本語指導が必要な外国人児童生徒の受入れ状況等に関する調査（平成18年度）」2006

語とする生徒は、自分の母語の教育、通常の授業で母語を使用する二言語教育、あるいはノルウェー語の特別教育が受けられるのである。

こうしたノルウェー語および生徒の母語教育が重視されているのは、言語的マイノリティの人がノルウェーの社会で成功するために言語の教育が鍵になっている、との認識があるからだ。[23] ノルウェーに来て間もない生徒が通常授業に参加する前に受けるノルウェー語の特別教育は、全国的には六・五パーセントの生徒が、オスロでは二二・七パーセントもの生徒が受けている（表3を参照）。

教育省は、言語的マイノリティの学習を向上させるために母語教育の教師を増やすための指針や文化的多様性を反映した学習教材の開発などさまざまな政策を講じてはいるが、まだまだ課題は多い。たとえば、近年のＰＩＳＡ調査などの国際的な学力調査の結果の分析では、ノルウェー語を母語としている生徒と言語的マイノリティの生徒の平均成績に格差が見られることが指摘されている。[24] また、ノルウェーの学校と母国の文化を色濃くもつ家庭を行き来する生徒の葛藤も、教師がケアしなければならないことの一つである。

---

(23) Norwegian Ministry of Education and Research（教育省）, Equal Education in Practice!, 2007, p.15

(24) Fevolden, Trond & Lillejord, Sølvie, Kvalitetsarbeid i skolen, Oslo: Universitetsforlaget, 2005, p.32

②家庭のなかの子ども

本書には、「母の日」や「父の日」にカードをつくるという活動はノルウェーの学校から一九七〇年代に消えたというくだりがある。これは、ノルウェーにおける生徒のもつ家庭背景の多様さと、それに敏感な教育政策という実態を浮き彫りにしていると言えよう。

いまや、小学校一年生で両親（正式に結婚していない父母を含む）とともに暮らしているのは八〇パーセント弱、これが一七歳になると六〇パーセント台にまで下がる（図4を参照）。その最大の原因は両親の離別である。

ノルウェーでは生活上の不利益がほとんどないため、母親と父親が正式な結婚をせずに同棲している場合も多い。したがって、両親が同棲をしていることが直接子どもの社会的・心理的な不利益になることはほとんどないし、同棲している親は子どもが生まれてから正式な結婚に移行することも多い。しかし一方で、同棲している親は結婚している親よりも離別

表3　母語教育、二言語教育、ノルウェー語特別教育を受けている生徒数と割合

	母語教育	二言語教育	ノルウェー語特別教育	全生徒数
全国	10,870人	16,259人	39,856人	616,388人
	1.8%	2.6%	6.5%	100%
オスロ	1,445人	4,205人	12,176人	53,725人
	2.7%	7.8%	22.7%	100%

＊SSB（ノルウェー統計局）の2007年のデータより筆者作成

するリスクが三倍に上るということも指摘されている[25]。

一人親家庭の子ども（〇～一七歳）の割合は、オスロとノルウェー最北のフィンマルク県（Finnmark）で最多の二〇パーセント強である。これらの地域では、クラスの四人に一人が、母親あるいは父親のいずれか一方と暮らしているということになる。

ノルウェーでは、両親が離別した場合、子どもといっしょに住んでいない親のほうにも子どもと「いっしょにいる権利（samværsrett）」が認められている。よく見られるのが、母親とい

（25）Barn- og Likestillingsdepartementet（子ども・平等省）のウェブサイト参照。http://www.regjeringen.no/nb/dep/bld/tema/andre/Barn_og_samlivsbrudd.html?id=1051

図4　子どもの年齢と家族構成

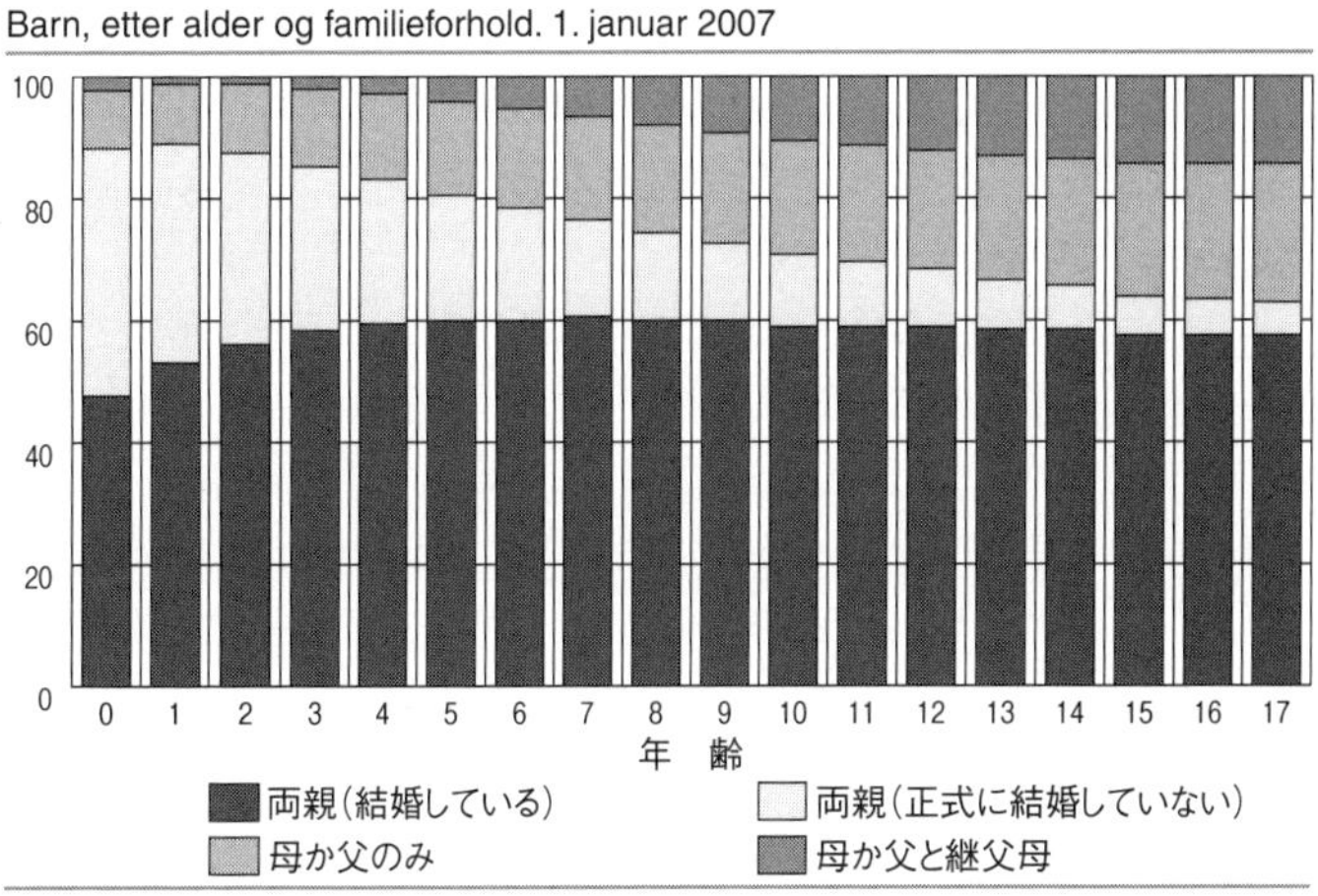

＊SSB（ノルウェー統計局）, Befolkningsstatistikk. Barn, 1. januar 2007より

っしょに住んでいる子どもが、週の平日のうち一日、隔週の週末、長期休暇の半分を父親のところで過ごすというパターンである。

この権利は、両親が離別した場合にも親子が会う機会を保証しているという点ではよく整備された制度であると言える。しかし、いくらそうした家庭が統計的に増えていたり、制度的な整備がされていたとしても、それぞれの子どもにとっては、両親間の行き来は物理的にも心理的にも負担になることに変わりないのではないだろうか。

ノルウェーは、子どもの権利に対して敏感であり、子どもを守るための制

コラム　日本における離婚の実態

日本において親の離婚を経験している子どもはどのぐらいいるだろうか。厚生労働省のデータによると、親が離婚した子どもの数は離婚件数の増加にともなって年々増えてきており、1990年には20歳未満人口1,000人当たり約５人だったのが、1998年には９人に増えている[*1]。

一方、母子家庭の数も増えており、その最大の原因は離婚であるという。1998年には約95万世帯だった母子家庭は、５年後の2003年には約123万世帯にまで増えた[*2]。また、母子家庭は一般家庭や高齢者家庭に比べても収入が低いという報告もされている。こうした実態に対する政策レベルでの対応と、子どもに対する実践レベルでのケアの双方がますます求められてくるだろう。

＊１）厚生労働省「離婚に関する統計」

＊２）厚生労働省、平成17年度「母子家庭の母の就業支援施策の実施状況」

度も比較的整っていると言える。国連で子どもの権利条約が一九八九年に採択される以前の一九八一年に、ノルウェーでは子どもの利益と福祉を促進するための子どもオンブズマン（barneombud）が設置された[26]。

また、子どもを劣悪な生活や環境から保護する児童保護（barnevern）は国や各自治体が責任をもって行っており、親や保健センター、幼稚園や学校からの連絡を受けて案件の調査をし、必要と判断された手立てを実行する。それは、アドバイスであったり、幼稚園の空席紹介であったり、深刻な場合は児童保護施設への入居であったりする。そして、児童保護法では、「子どもにとって最善の策であるか」という原則に従って、介入や措置が決められることが明記されている（九七ページの注6を参照）。

しかし、現実は必ずしも理想と一致していない。最近提出されたオスロ大学のE・G・スタン

(26)　子どもオンブズマンは、子どもの権利を定めた法律がきちんと実行されているかをフォローする任務を負っており、すべての公立・私立の子どもに関連する機関に対して無制限に調査する権利をもつ。問い合せは、子ども自身からの問合せを含めて、二〇〇六年には書状で二五〇〇件弱、電話相談が一万一〇〇〇件。近年ではウェブサイトの活用も増えているという。しかし、子どもオンブズマンは意見や批判を述べることはできても、実行力のある介入や対策を行使することはない。オンブズマンのウェブサイト参照。
http://www.barneombudet.no/english/

グによる博士論文によると、児童保護の措置が決定される際、子どもよりも母親の希望や意見が優先される傾向があるという[27]。母親の育児能力を試すために介入に踏み切らず、子どもが深刻な状態に陥るまで放っておかれてしまうという事例もあるそうだ。

また、離別した両親の「いっしょにいる権利」には、頻度や「会う、会わない」についての決定権が子どもにないため、どんな親であっても、いっしょにいることができる。すなわち、親のための権利になってしまっていると言えよう。このことが、必ずしも子どもためになるかどうかは、場合によっては大いに議論の余地がある。

児童保護の対象になっている子どもは年々増えている。二〇〇六年に何らかの児童保護措置を受けた子ども（一八歳未満）は四万四〇〇人

コラム　多様な家族～海外からの養子・養女

ノルウェーには、家庭や生活に恵まれない海外の子どもを養子・養女として迎える夫婦も多い。2007年には417人の子どもがノルウェーの家庭に迎えられた[*1]。子どもの出身国は現在多い順に中国、コロンビア、韓国、エチオピア、インドである。子どもの多くは幼いときにノルウェーに来るため（４人中３人は３歳未満）、ノルウェー人としてノルウェー語で育つ。親子で外見がはっきりと異なっているからこそ、養子・養女であることを隠さず、子どもの出身国の文化や風習を大事なこととして教えている夫婦も多いようだ。

＊１）SSB（ノルウェー統計局）, Adopsjoner 2007

で、一〇〇〇人中三二・九人の割合である。そのうち一八パーセントあまりが、児童保護施設入居などの介入を受けている[28]。

制度的に見れば、子どもオンブズマンの設置や児童保護のサービスの整備などが比較的充実しているものの、このような状況下にある子どもの心身の負担は計り知れない。

③新たな授業形態と教師の役割

さまざまな背景をもつ子どもを一か所に集める「ひとつの学校」の理念と並んで、ノルウェーの学校では個々の生徒の文化背景や能力に応じて、その子にあった教育とサポートを提供する「個に応じた教育（tilpasset opplæring）」という考え方が重視されてきた。この考え方は、すでに一九三九年のカリキュラムに「個別化（individualisering）」として登場していると言われる[29]。また、ノルウェーでは、知識・文化伝達者としての教師の役割と並んで、生徒の学習を組織しサポートするメンター（veileder）としての役割も一九三九年のカリキュラムですでに明記されている[30]。

---

(27)　オスロ大学法学研究科の Elisabeth Gording Stang による論文。Vårt Land 紙, “Mor kommer før barnet”, 26.Oktober 2007

(28)　SSB（ノルウェー統計局）, Barnevern 2006

(29)　Imsen, Gunn, 1999, p.273

鳥をテーマにした学習

物語の想像をふくらます「ストーリーライン」の授業

これらのことから、文化的、社会的、経済的、そして能力的にも多様な子ども一人ひとりを見て、その子どもの状況にあわせたサポートを提供するという視点はノルウェーでは長い伝統をもっていると言えよう。こうした考え方は、現在の教育政策にも引き継がれており、社会の多様化や知識社会の到来と生涯学習の文脈でますます強調されつつある。

「個に応じた教育」やメンターとしての教師が重要になってくるのは、生徒が主体になって活動する学習形態においてであろう。一九九七年の基礎学校のカリキュラムは、プロジェクト学習（**prosjektarbeid**）とテーマごとに組織した教科横断型の学習を取り入れることを規定している。プロジェクト学習とは、生徒がある問題の認識と設定から出発し、問題解決の過程を計画・実施し、最終的な成果を何らかの形にするという学習形態のことを指す（三〇ページのコラムも参照）。それに対してテーマ学習（**temaarbeid**）あるいはテーマによる学習の組織（**temaorganisering**）とは、教師が学習内容を教科横断的なテーマで組織することを指している。

後者は、プロジェクト学習の形態で行われることも想定されるため、両者はセットで語られることが多い。一九九七年のカリキュラムでは、一〜四年生でプロジェクト学習・テーマ学習を全授業時間の六〇パーセント取り入れるべきだという指針が示されている。これは学年が上がるご

（30）Bratholm, Berit & Tholin, Kristin Rydjord, “"Kan du veilede meg, lærer?" Om veiledning og lærerrollen i grunnskolen”, Norsk Pedagogisk Tidsskrift 5-6/2003, pp.250–261

コラム　日本における「総合的な学習の時間」

日本では2002年から「総合的な学習の時間」が小中学校で本格的に導入された（高校は2003年から）。文科省の説明によると、「総合的な学習の時間」は教科横断的な課題に関する学習を行う時間であり、学び方や調べ方を身につけることなどが目標となっている。ノルウェーのプロジェクト学習・テーマ学習にも通ずるところがある。

しかし、教師の受け止め方は様々である。2005年の調査によると、教師の場合「総合的な学習の時間」を「より充実させたほうがよい」と回答する割合が比較的低いのに対し「もっと教科の学習を重視したほうがよい」という割合が比較的高かった。また、「総合的な学習の時間」をなくしたほうがよいと答えた教師は保護者がそう回答した割合よりも多く、なかでも中学校教師が多かった。[*1] この背景には、中学における教科担任制、高校入試との関連などがあると指摘されている。[*2]

2009年度から施行される新学習指導要領では、「総合的な学習の時間」は縮減される。その理由を文科省は、各教科での知識・技能の活用のための学習を充実させるために、国語や理数などの授業時間を増やしたからだと説明している。[*3]

日本の学校で、21世紀の社会を生きるための準備に欠かせないであろう新しい授業形態をどのように実践していくのか、注目に値する。

＊1）ベネッセコーポレーション、文部科学省委嘱調査報告書「義務教育に関する意識調査」、2005、pp.59-61

＊2）木村治生、Benesse 教育研究開発センター調査室長コラムⅠ、第19回「総合的な学習の時間」のゆくえ、2008
http://benesse.jp/berd/aboutus/katsudou/research_column/pt_01/19.html

＊3）新学習指導要領、教師用パンフレット『「生きる力」―「理念」は変わりません「学習指導要領」が変わります』2008年、p.8

とに減り、五～七年生では三〇パーセント、中学生では二〇パーセントとなる。

同じく一九九七年のカリキュラムでは、国レベルのカリキュラムにもとづいて学校ごとにローカル・カリキュラムをつくることが明記されている。これは、学校の教師が協働することを前提としている。国のカリキュラムで定められた主要な内容をより具体化し、学習形態を選択し、複数教科で近い内容を扱う場合は教科を超えて組織するのである。

プロジェクト学習とテーマ学習は、地域や子どもの関心にあわせて一からつくらなければならないものだろう。教師は、長期休暇の前後に設定される五日間の「授業企画・活動日（Planleggingsdag）」などを使って、ローカル・カリキュラムの作成に取り組むことになる。プロジェクト学習、テーマ学習の導入とローカル・カリキュラムの作成という二点において一九九七年のカリキュラムは、教師の協働と教師のメンターとしての役割を促進する機能をもちえたと言える。

実際、プロジェクト学習やテーマ学習は教師にはどのようにとらえられているのだろうか。一九九七年の改革の影響を調査したある論文によると、教師はこのような学習について、創造的で、生徒がより興味をもってくれる活動的な学習形態だととらえているようである。しかし、教師たちは同時に、重要な学習はプロジェクト学習・テーマ学習以外の通常の授業で行われる、ともしている。[31] プロジェクト学習やテーマ学習を有効な学習として組織するには、まだ模索が必要であると言えよう。

ちなみに、通常の授業では、どのような学習形態が見られるのだろうか。一九九七年の改革の影響を研究した別の論文では、もっとも一般的に見られる授業形態として、教師による一斉授業と、教師が教室のなかを回って生徒に個別のサポートを与えるという二つの形態が挙げられている。それに比して、グループ学習はあまり普及していない。[32]

このことから、生徒一人ひとりに対するサポートは行われていても、プロジェクト学習などにおいてグループをダイナミックにサポートするという教師の役割はあまり実現していないことが想像できる。今後、こうした新しい授業形態と教師の役割がどのようにノルウェーの教師の実践を変容させていくか、注目に値するだろう。

④コンピュータ、インターネットと教育

コンピュータやインターネットの登場は、子どもや若者の生活、そして学校の教育環境を大きく変える要因となった。二〇〇六年度のＰＩＳＡ調査によると、ノルウェーの一五歳で、毎日家庭においてコンピュータを使用すると答えた割合は八六パーセントにも上っている。[33] これは、二〇〇〇年の五三パーセントから比べて大幅に伸びている数字である。それに対して、学校での使用は二〇〇〇年の五パーセントから二〇〇六年の一七パーセントと伸びてはいるが、全体的には授業へのコンピュータ導入の度合いはまだ低いと言える。

　ノルウェーの教育改革では、情報技術[34]のコンピテンスが、教育で習得すべきスキルの一

---

(31)　Rønning, Wenche, "Tema og prosjektarbeid — læreres fortolkning og gjennomføring", in Solstad, Karl Jan & Engen, Thor Ola (eds), En likeverdig skole for alle? — Om enhet og mangfold i grunnskolen, Unviersitetsforlaget, 2004, pp.35-36

(32)　Imsen, Gunn, "Hva driver de med i timene? Kateterstyrte og elevaktive praksisformer i grunnskolen", in Imsen, Gunn (ed), Det ustyrlige klasserommet — om styring, samarbeid og læringsmiljø i grunnskolen, Universitetsforlaget, 2004, p.63

(33)　Kjærnsli, Marit, et al., 2007, pp.181-182

学校にあるコンピュータ

つに挙げられている。また、教育省は情報技術を教育に導入しようとさまざまな施策を推進してきた。その一つが、オスロ大学に設立された「教育のなかの情報技術（ＩＴＵ）」という拠点である。[35] ＩＴＵは、情報技術を教育に取り入れるための研究開発と、ウェブサイトやジャーナルを使った情報発信や教師へのサポート、そしてワークショップなどを行っている。

しかし、教室のなかでの情報機器の導入を推進しているオスロの教師によると、教師が情報技術を教科学習に組み込む術《すべ》をもたないために、実践への導入が進まないのが現状であるという。家庭におけるコンピュータやインターネットの使用の多さを見ると、もはや「導入すべきかどうかではなく、どのように使用し、教科学習と組み合わせるべきかが議論されなければならない」と述べる教師の言葉にも説得力がある。

ところで、二〇〇六年のＰＩＳＡ調査によると、北欧の他の国に比べてノルウェーの一五歳がインターネットやその他のプログラムをコンピュータ上で使用する度合いはやや高くなっている。[36] また、インターネット使用のうち、七三パーセントはチャットやメールのやりとりであるという。単純に計算すると、調査に回答した一五歳の約六三パーセントが毎日家でチャットやメールをしているということになる。

子どもによるインターネットの多用にともなって、子どもをターゲットにした不適切な広告の登場や、ネット上で知り合った見知らぬ人と直接会って危険な目にあうなど、潜在的な問題も認識されはじめている。ノルウェーでは、子ども省などが二〇〇三年にインターネットの安全な使用についてのウェブサイトを立ち上げ、子ども自身や保護者・教師への情報提供を行っている(37)（一九五ページの図5を参照）。

(34) 二〇〇六年から導入された新カリキュラムでは、基礎学校の学年・教科を通じて五つの基礎的なスキル（grunnleggende ferdigheter）を育成することが規定された。五つのスキルとは、「話し言葉で表現できること」「書き言葉で表現できること」「読めること」「計算できること」「デジタル機器を使うことができること」である。

(35) 教育のなかの情報技術（IT i utdanning: ITU）のウェブサイト参照。http://www.itu.no/Organisasjoner/itu

(36) Kjærnsli et al., 2007, pp.183－184

(37) 子ども・平等省とメディア庁（Mediatilsynet）が取り組むSAFT（Safety, Awareness, Facts and Tools）プロジェクトの「安全な使用（Trygg bruk）」のウェブサイト参照。http://www.saftonline.no/

黒板の代わりにスマートボードがある教室

コラム　あるノルウェーの中学生の放課後

午後２時か３時に家に帰ってくると、まずはコンピュータを開く。チャットのできる「メッセンジャー」や「ネット上の町(Nettby)」（ノルウェーのソーシャルネットワーキングサイト）には、たくさんの名前が登録されている。学校の友だちや従兄妹であったり、ネット上で知り合った同世代の子であったりとさまざまだ。チャットは、何人ものオンラインの人と同時並行で行われる。その間、音楽をダウンロードしたり、ミュージックビデオを見たりと忙しい。学校の先生がチャット相手として登録されていることもあり、オンラインで相談をしたりすることもあるようだ。

コラム　日本の子どもとコンピュータ

ベネッセ教育研究開発センターの調査によると、小中学生の８割ほどの家庭にパソコンがあるが、週に５日以上パソコンを使っている生徒は小学生で9.2％、中学生で17.3％程度である。学校での使用になるとその割合は大幅に減り、約7割が学校ではほとんど使わないとしている[*1]。一方、インターネット上の問題は、いわゆる「学校裏サイト」の問題など、近年ではかなり大きく取り上げられている。

＊１）Benesse 教育研究開発センターのウェブサイト、『子どもの ICT メディアの利用実態　調査レポート～平成17年度総務省委託調査「ICT メディアに係る子どもの利用実態及び利用環境等に関する国内外調査研究報告書」より抜粋～』の第二章より
http://benesse.jp/berd/center/open/report/ict_media/2006/index.html

ちなみに、このウェブサイト内の「安全な使用のためのルール」では、「パスワードは絶対に教えないようにしよう」、「ほかの人の写真を載せるときには必ず事前に了解を得よう」、「見知らぬチャット相手と直接会うときは大人といっしょに行こう」など、具体的なアドバイスが載っている。

コンピュータやインターネットの普及は、教室での学習に変化をもたらすと同時に、学校だけにとどまらない子どもたちの世界の広がりに対して教育的な介入の必要性をもたらしたと言えるのではないだろうか。

図5 「安全な使用」ウェブサイト

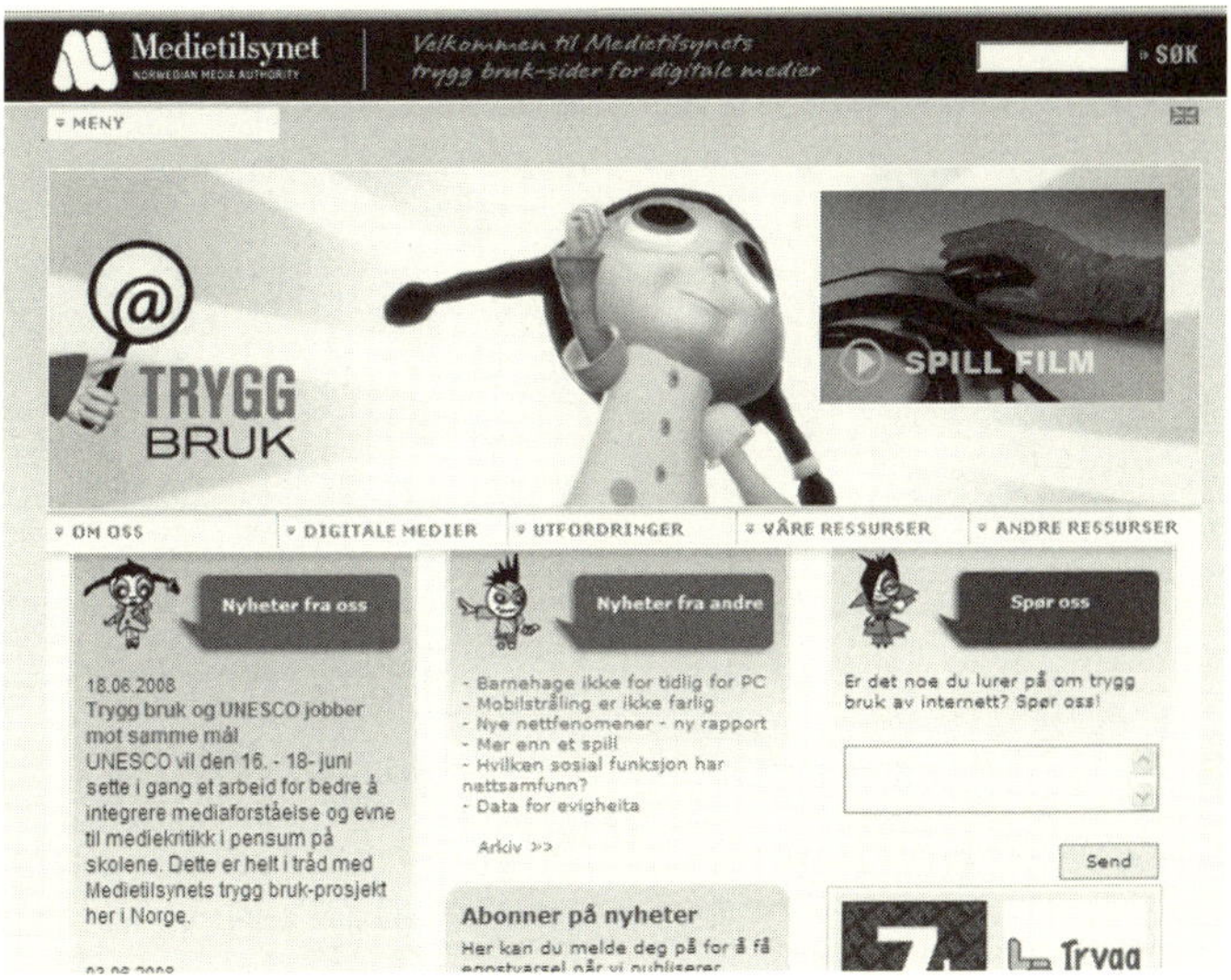

＊http://www.saftonline.no/ より

▼翻訳および解説の執筆を終えて

ここまで、ノルウェーの教師にかかわりが深い子ども・学校・社会の変化をいくつか描いてきた。ノルウェーの教師と教室についての読者のイメージづくりに、少しでも貢献できたら幸いである。なお、ノルウェーはウェブサイトが充実しており、とくに政府関係の資料や統計、研究機関や各種組織の情報はインターネットを通してかなり調べることができる。本稿を書くにあたっては、それらのウェブサイトを大いに活用させてもらった。英語の情報となると多少かぎられてくるが、ノルウェーのウェブサイトはデザインが素敵なものも多いので、機会があればぜひ覗いてみてほしい。

訳者は高校生のときに一年間トロンハイム（Trondheim）の北にある小さな町にホームステイをし、現地の高校に通った。一九九〇年代の中頃といえば、ちょうどノルウェーは教育改革の真っただ中であったはずだ（もちろん、当時の私はそのような視点をもち合わせていなかったのだが）。この一年間は、私のノルウェーの原体験になったと言えよう。ホストファミリーや親戚との交流は今も健在で、とくに二人の妹ハンナ（Hanna）とアーネ・リー（Ane-Lee）からはノルウェーの学校や若者の生活を肌で教えてもらっている。

本書の翻訳、解説の執筆にあたっては多くの人に支えてもらった。ノルウェーの学校用語について丁寧に説明してくれたのは、テレマーク・カレッジ（Høgskolen i Telemark）の芸術・民俗文化・教員養成学部の准教授で、現在名古屋大学に客員教授として来日中のビョルン・オークレ先生（Bjørn Aakre）。また、慣用句や比喩的表現の多いノルウェー語の翻訳で助けてくれたのは、母語のノルウェー語だけでなく日・英・仏語にも堪能なハンネ・クナルビク・川名さん（Hanne Knarvik Kawana）である。お二人に心から感謝したい。

また、解説執筆にあたって、コメントと温かい励ましの言葉をくださった聖心女子大学および北欧教育研究会の澤野由紀子教授に心より感謝を申し上げたい。この研究会では、北欧の教育研究に携わるメンバーからいつも刺激を受けている。そして、ノルウェーの研究をここまで指導し支えてくださった東京大学大学院の佐藤学教授に心より感謝の意を表したい。

本書に出てくる写真の大半は、「ノルウェーの学校の様子がわかる写真がほしい」との要望に快く応えてくれたノルウェーの教師と生徒たち自身によって撮影されたものである。ビョルン先生（Bjørn）、グロー先生（Gro）、ビャルネ先生（Bjarne）、イングルン先生（Ingrunn）、そして「受け入れクラス」の中学生のみなさん、小学校五年生のアーネ・リー（Ane-Lee）とグドルン（Gudrun）らから、すばらしい笑顔が写っている楽しそうな写真をたくさん送っていただいた。すべてを載せられなかったのは心残りであるが、みなさんの協力に心より感謝したい。テューセン・タック！（Tusen takk!　どうもありがとう！）

なお、掲載したすべての写真は、本文の内容や登場人物とは関係ないものであることを付記しておきたい。ただし、挿絵は原書にあるものを掲載した。

最後に、本書を翻訳する機会を与えてくださった株式会社新評論の武市一幸さんには心より感謝の意を表したい。翻訳をいつも長い目で温かく見守り、いろいろなアドバイスをくださった。また、本書の翻訳中、研究のためにノルウェーに滞在していたのだが、いつも私を支え応援してくれたホストファミリーとオスロのおばさんとおじさんに、テューセン・テューセン・タック！

中田　麗子

二〇〇八年　九月

参考文献一覧

（注で触れられていないもの）

・Bø, Inge & Helle, Lars, Pedagogisk Ordbok — Praktisk oppslagsverk i pedagogikk, psykologi og sosiologi, Universitetsforlaget, 2002
・Lovdata（ノルウェー法律データ）http://www.lovdata.no/

・岡沢憲芙、奥島孝康編『ノルウェーの政治—独自路線の選択』早稲田大学出版部、2004年
・岡沢憲芙、奥島孝康編『ノルウェーの経済—石油産業と産業構造の変容』早稲田大学出版部、2004年
・村井誠人、奥島孝康編『ノルウェーの社会—質実剛健な市民社会の展開』早稲田大学出版部、2004年

訳者紹介

中田麗子（なかた・れいこ）

1980年生まれ。

現在、東京大学大学院教育学研究科博士課程、およびベネッセ教育研究開発センター研究員。

幼少期をドイツ、高校時代の一年間をノルウェーで過ごした。高校でのドイツ語非常勤講師、（財）ユネスコ・アジア文化センターでのインターンなどを経験。

大学院では、主にノルウェーの教師教育について研究。2007年10月より３ヶ月間オスロ大学に客員研究員として滞在した。

新しく先生になる人へ
――ノルウェーの教師からのメッセージ――　（検印廃止）

2008年11月10日　初版第１刷発行

訳者　中田麗子
発行者　武市一幸

発行所　株式会社 新評論

〒169-0051
東京都新宿区西早稲田３-16-28
http://www.shinhyoron.co.jp

電話　03(3202)7391
FAX　03(3202)5832
振替・00160-1-113487

落丁・乱丁はお取り替えします。
定価はカバーに表示してあります。

印刷　フォレスト
製本　桂川製本
装丁　山田英春

Printed in Japan
ISBN978-4-7948-0785-4